Goldene Regeln
der Liebe

Hans Jellouschek

GOLDENE
REGELN DER
LIEBE

Herausgegeben von
Christian Leven

FREIBURG · BASEL · WIEN

Gesamtgestaltung und Satz: Tina Lechner Grafik & Buchdesign, Stuttgart
Herstellung: fgb · freiburger graphische betriebe
www.fgb.de

Gedruckt auf umweltfreundlichem, chlorfrei gebleichtem Papier
Printed in Germany

ISBN 978-3-451-30724-9

Inhalt

Errötend folgt er ihren Spuren
Und ist von ihrem Gruß beglückt …
O! Zarte Sehnsucht, süßes Hoffen,
Der ersten Liebe goldne Zeit,
Das Auge sieht den Himmel offen,
Es schwelgt das Herz in Seligkeit.
O! Dass sie ewig grünen bliebe,
Die schöne Zeit der jungen Liebe!

Schillers Verse aus »Die Glocke« skizzieren in wenigen Zeilen das Ideal der romantischen Liebe. Auch wenn wir uns heute anders ausdrücken – unsere Vorstellungen und unsere Wünsche von ewiger Liebe haben sich keineswegs geändert. Romantische Vorbilder werden uns nach wie vor suggeriert. Fast jeder hat eine »Blaupause« der romantischen Zweisamkeit, zu der ein ausgedehntes Abendessen im privaten Rahmen bei Kerzenschein und leiser Musik gehört; ein Picknick auf einer Lichtung im Wald, auf einer Wiese am Berg; ein Spaziergang am Strand bei Sonnenuntergang. Ob uns die Werbung den Kauf der Tiefkühlpizza, besonderer Schokoladenkugeln oder alkoholischer Getränke empfiehlt, immer bedient sie sich dazu der Bilder romantischer Stimmungen. Wir alle wissen, dass es sich um Ausnahmen vom Alltag handelt. Doch gerade durch die Verknüpfung von Produkt und romantischer Situation wird die Wirkung zu der Annahme erzielt, dass das Produkt unseren Alltag verzaubern wird. In ähnlicher Art werden uns Bilder von glücklichen Paaren, vom privaten »Nest«, von der fröhlichen Familie im Eigenheim mit zwei Kindern, zwei Autos und »süßem« Hund vermittelt. Alles sehr romantisch. Man muss nur die richtigen »Zutaten« haben, um miteinander glücklich zu sein. Viele Menschen sind ebenso davon überzeugt, dass es nur darauf ankomme, den »Richtigen« oder die »Richtige« zu finden, um glücklich und zufrieden leben zu können. Wenn man sich nur genügend mag und total verliebt ist, dann ergibt sich die glückliche Zukunft wie von selbst. Welch ein Irrtum.

Die kulturelle Praxis der romantischen Liebe ist geschichtlich betrachtet eine verhältnismäßig junge Entwicklung. Zwar gab es die Idealvorstellungen »mit jemandem in Liebe verbunden zu sein« sehr viel früher, doch hatte dieses Idealbild in der Realität der Eheschließungen nur wenig Platz. Man tat sich als Mann und Frau aus praktischen Gründen zusammen. Eine gewisse Sympathie war dem Entschluss förderlich. Doch es ging im gegenseitigen Beweggrund vor allem um Sicherheit und Versorgung. Die Ehe war eine für das Überleben notwendige Wirtschaftsgemeinschaft. Und auch darum konnte man aus ihr nicht einfach aussteigen. Dies galt nicht nur für die hart arbeitenden Bevölkerungsschichten. In den gebildeteren oberen Klassen der Gesellschaft war die Liebesheirat eher die Ausnahme, denn Standes- und Machterhalt, Sicherheit und Besitzmehrung standen allemal im Vordergrund. Mit zunehmender Bildung der Bürger und ihrem Zugang zu neuen Ideen, vor allem mit der vermehrten Erwerbsarbeit wandelten sich die Vorstellungen und Möglichkeiten der Liebesbeziehungen allmählich. Doch auch im Industriezeitalter war die Ehe eine Schicksalsgemeinschaft, der man sich zu fügen hatte. Dies begründet auch die niedrige Scheidungsrate in der damaligen Zeit, oder anders betrachtet, die Dauerhaftigkeit früherer Paarbeziehungen; ihr gegenüber scheint die Zahl der Scheidungen heutzutage besonders gravierend zu sein. Zudem ist die Lebenserwartung im Laufe der Entwicklung der Menschheit gewaltig gestiegen. Als die Weisung »bis dass der Tod euch scheidet« erstmals Gebot wurde, betrug die Lebenszeit der Menschen durchschnittlich etwa dreißig bis vierzig Jahre. Die Zeit des Zusammenlebens war mithin viel kürzer.

Vor diesem Hintergrund ist die moderne Liebesbeziehung etwas differenzierter zu sehen. Doch obwohl wir ja so aufgeklärt sind, das Leben so cool und so nüchtern betrachten, ist für uns alle »die Liebe« der emotionale Beweggrund, der unsere Alltagsorientierung sprengt. Wenn diese zwei Menschen zueinander gefunden haben, dann ist für sie nichts mehr, wie es einmal war. »Das Auge sieht den Himmel offen« und es gibt nichts Schöneres in der Welt, als miteinander zu sein. Und diese Freude soll niemals enden. Solange sie leben, soll es so sein. Das wünschen sich beide. Der auf Dauer angelegten Liebesbeziehung der Geschlechter wird auch in unserer modernen Zeit ein zentraler Stellenwert eingeräumt. Ja, die dauerhafte Liebesbeziehung wird als erfüllter Lebenssinn schlechthin verstanden. »Denn alle Lust will Ewigkeit, tiefe, tiefe Ewigkeit«, schrieb Friedrich Nietzsche.

So werden die Empfindungen der Verliebtheitsphase als immerwährend gegeben angesehen und in eine stets glückliche Zukunft projiziert. Die gewaltige »Verliebtheitsenergie« scheint niemals versiegen zu können und für alle Erfordernisse des gemeinsamen Lebens mehr als ausreichend zu sein. Leben aber bedeutet Veränderung. Auch die Liebenden sind im ständigen Wandel begriffen. Wenn sie es nicht schaffen, die Quelle ihrer Liebe immer wieder vom Geröll des Alltags zu befreien, sie ihre Liebe nicht im Gleichmaß der Veränderungen verwandeln und sie aus ihrer Verliebtheit und ihrer sexuellen Lust miteinander nicht allmählich eine tiefe Liebe der Hingabe und ein Bewusstsein des unverbrüchlichen gegenseitigen Angenommenseins entwickeln, dann geraten sie in eine Krise, die ihre Liebe und ihre Paarbeziehung gefährdet.

Diese Menschen finden Hilfe bei einem Paartherapeuten wie Hans Jellouschek. Der promovierte Theologe, Transaktionsanalytiker, Eheberater und Lehrtherapeut für Transaktionsanalyse und systemisch-integrative Paartherapie hat seit vielen Jahren zahlreichen Menschen geholfen, Wege aus ihren Ehe- und Beziehungsproblemen zu finden. Er weiß, dass alles Leben Prozess ist, nie Zustand. Die innige Verliebtheit wird sich verbrauchen, wenn sie nicht zur tragfähigen Liebe entwickelt wird. Die Liebe geht durch Krisen, wird neu belebt und bereichert, manchmal geht sie unrettbar verloren, sie vertieft sich oder sie verbraucht sich. Darum muss man seine Liebe pflegen und stets ein ganz besonderes Engagement für sie aufbringen – und dies muss man lernen. Hans Jellouschek macht das vor allem auch den jungen Paaren deutlich: »Eine Beziehung wird von alleine schlechter. Verbessern können wir sie nur selber durch unser aktives Dazutun.«

Zur Freiheit des Einzelnen gehört die Möglichkeit, sich mit dem anderen in einer Paarbeziehung zu verbinden. Auf die Forderungen, die aus dieser Zweisamkeit erwachsen, sind die meisten Menschen nicht vorbereitet. Sie orientieren sich an den Vorbildern in ihren Ursprungsfamilien, oder lehnen diese ab, sie wollen ohnehin alles besser machen. Dazu brauchen sie aber Orientierung, und der Weg ist weit. Wollen sie ihn auf Dauer gemeinsam gehen, bedürfen sie des nötigen Rüstzeugs. Dieses besteht nun nicht aus stabilen Schuhen und Outdoor-Bekleidung, nicht aus den propagierten Klischees, was man in Konsum und Ehebett zu leisten habe, sondern aus handfesten Regeln und geistiger Orientierung. Hans Jellouschek gibt sie uns als Leitfaden an die Hand. In seinen Büchern und Vorträgen spricht er speziell von der Liebe zwischen Frau und Mann. Er spricht über die Erkenntnisse, die sich für ihn aus seiner Lebenserfahrung und aus seiner Arbeit mit Paaren als bedeutend herausgebildet haben. Er erhebt keinen Anspruch auf Allgemeingültigkeit. Wenn andere Persönlichkeiten andere Akzente setzen oder neue Regeln formulieren, müsste man prüfen, welche Unterschiede oder Übereinstimmungen festzustellen sind. Auch gelten seine Grundregeln für eine aktive Pflege und Entwicklung der Liebe nur für unseren Kulturkreis; dies ist bei gemischt-kulturellen Beziehungen zu beachten, auch wenn vermutlich aufgrund philosophisch-anthropologischer Überlegungen die Entwicklungen in anderen Kulturen sich in die gleiche Richtung bewegen.

Jede positive Erkenntnis gründet auf der Erfahrung, wie etwas nicht funktioniert. Weil Menschen mit der Last der nicht mehr reibungslosen Beziehung Beratung und Hilfe von Hans Jellouschek erbitten, therapiert er nicht etwa die Menschen, sondern untersucht mit ihnen das Problem und bemüht sich mit ihnen, ihre Paarbeziehung zu heilen. Denn jeder Mensch hat nach der Überzeugung der Transaktionsanalytiker die Fähigkeit, zu denken, Probleme zu lösen sowie die Verantwortung für sein Leben und dessen schöpferische, konstruktive Gestaltung zu übernehmen. Aber oft ist ihm der Blick verstellt, die alternative Wahrnehmung blockiert, ein Graben tut sich auf, der aus eigener Kraft nicht überbrückbar erscheint. Dann ist es hilfreich, Grundregeln zur Orientierung zur Hand zu nehmen und sich selber zu befragen, wo und warum die Paarbeziehung vom gemeinsamen

Weg abgekommen ist. Oder man sucht die Unterstützung eines Brückenbauers und Paartherapeuten wie Hans Jellouschek.

Und oft hilft es ja schon, für eine Zeit deutlich aus dem Alltagsstress und den ehelichen Enttäuschungen herauszutreten, die Richtung zu ändern und gemeinsam zu der Ursprungsquelle seiner Liebe zurückzukehren. Denn eines bleibt dem Paar bewusst: Nie zuvor in seinem Leben spürten sie eine größere Energie und Hingabebereitschaft, nie verehrten sie einander mehr als in der Zeit ihrer Verliebtheit und ihres Entschlusses zur dauerhaften Verbindung miteinander. Und in dieser Zeit entstand ihre Vision ihres Lebens in gemeinsamer Liebe, ein großes Werk, das erst noch zu gestalten war. Wenn ihnen in ihrer auf lebenslange Dauer angelegten Liebe die gemeinsame Vision durch die Mühen des Alltags und die Schwierigkeiten des Zusammenlebens allmählich abhandenkam oder überlagert wurde, dann mag es hilfreich sein, sich der Gründe und Gefühle ihrer Zusage füreinander zu erinnern. Denn das ist gewiss: Nichts spendet der Liebe auf Dauer mehr Kraft, als wenn die Liebenden die gemeinsame Quelle ihres Ja-Wortes miteinander pflegen und aus ihr schöpfend ihre Liebe erfrischen.

Christian Leven

I

Verliebt! Der Ursprung von allem

Die Dinge müssen sich entwickeln können.

So romantisch

In der neo-romantischen Liebesauffassung gibt es die Meinung, dass Liebe willentlich nicht beeinflussbar sei und durch bewusste Entscheidung höchstens gestört, wenn nicht gar zerstört werden könne. Daraus folgt, dass die Dinge in der Liebe sich ergeben, sich entwickeln, dass sie wachsen und reifen müssen und dass sie nicht machbar sind. Der »Kopf« und der bewusste Wille werden als Gegensatz zur Liebe gesehen. Alles muss offen bleiben, die Liebe muss sich immer wieder neu herausstellen und bewähren, die Dinge müssen sich entwickeln können, was »daran ist«, muss sich quasi von selbst ergeben. Es ist dies eine Art biologisch aufgefasste Wachstumsidee, der wir hier begegnen. Wie eine Pflanze wächst, blüht, Frucht bringt, ohne dass jemand mit Kopf oder Willen eingreift, so soll es auch in der Partnerschaft sein. Diese »Öko-Idee« menschlicher Beziehungen beinhaltet allerdings viel Ideologie. Jeder, der einen Garten hat, weiß, dass bewusstes Eingreifen für Wachstum und Fruchtbarkeit von Pflanzen durchaus nötig ist. *Paar, 99f*

Das Ich im Wir

Seltsamerweise gibt es im selben Beziehungsideal auch eine Betonung des Ich, obwohl dies das Gegenteil zur Verschmelzungstendenz zu sein scheint. Das Ich wird im neo-romantischen Beziehungsideal nicht nur betont, die Liebe wird sogar zum Inbegriff der Selbstverwirklichung. Das neo-romantische Beziehungsideal gerät sozusagen gleichzeitig in den linken und in den rechten Straßengraben. Die Extreme berühren sich. Unmittelbar neben der Idee der Verschmelzung, also des Ineinander-Aufgehens, steht die Vorstellung, dass das Ich in der Liebe zum Partner seine volle Entfaltung und Verwirklichung finden soll. *Paar, 57*

Die Liebe ist ein Kind der Freiheit.

Du

Der andere wird auch durch die leidenschaftlichste Verliebtheit nicht mein Eigen, er bleibt er selber und von mir unterschieden. *Liebe, 54*

Neugier und Anteilnahme

»Die Liebe ist ein Kind der Freiheit«: Wenn ich auf Gedeih und Verderb den anderen »brauche« – wie bin ich dann frei und kann ihn auf Dauer lieben? Eigenständigkeit erhält – bei aller nötigen Vertrautheit – einen Schuss Fremdheit. Der andere bleibt ein Stück Geheimnis, dem ich mit Achtung, ja einer gewissen

Ehrfurcht begegnen kann. Durch diesen Abstand zwischen dir und mir – wenn er nicht zu groß wird – bleibt auch die Neugier aufeinander erhalten, und damit auch die Attraktivität. Dies ist unter anderem für eine lebendige Sexualität in Dauerbeziehungen von großer Bedeutung. *Partnerschaft, 205*

Der andere bleibt ein Stück Geheimnis.

Fasziniert

In der Verliebtheit beziehe ich in der Regel den Partner eher auf mich als mich auf den Partner. Es geht weniger um Hingabe an den Partner als um Einverleibung des Partners in das eigene Ich. Die Liebe ist deshalb so faszinierend, weil ich mich durch den anderen so aufgewertet fühle, nicht weil ich so an ihn hingegeben bin. Der Verliebte glaubt, dass es in dieser Liebe nur ganz um ihn geht. *Paar, 58*

Was gefällt

In der Verliebtheit erfassen wir tatsächlich Wesentliches von der Person des anderen und von den Möglichkeiten, die wir miteinander an Entfaltung und Entwicklung haben. In der Verliebtheit entdecken und erfassen wir, was vom anderen zu uns passt, das andere blenden wir aus. Wir bemerken es nicht, oder wir schauen bewusst ein wenig weg davon. Das lässt sich allerdings im

Alltag des Zusammenlebens nicht durchhalten. Da
zeigt sich dann, dass vieles am anderen neu, fremd, ja
befremdlich ist. *Dauer, 28*

Zugewinn

Dass die Partnerbeziehung auch eine Einschränkung
der eigenen Person, eine Einengung oder gar einen Verzicht bedeuten könnte, dieser Gedanke liegt hier völlig
fern, ist geradezu ein Gegen-Gedanke zur Liebe. In der
Verliebtheit wird der Partner als Zugewinn für das eigene Ich erlebt, die Vereinigung mit ihm als Entgrenzung
der eigenen engen Grenzen. Ich erlebe mich in einer
ungeahnten, nie zuvor erlebten Lebensfülle, alle Selbstzweifel und Selbstabwertungen scheinen überwunden.
Darum werden Liebe und Selbstverwirklichung gleich-
gesetzt. *Paar, 58*

Die Last der Freiheit

Wir leben in einer Multi-Options-Gesellschaft. Jeder
kann »nach seiner eigenen Fasson selig werden«. Das bedeutet ein großes Maß an Freiheit, aber auch eine Last:
Jeder muss immer mehr selber herausfinden, was für
ihn passt und gut ist. Und: Paare müssen sich auf alle
wichtigen Lebensentscheidungen einigen können.

Paartherapie, 80

Anerkennen, was war

Damit Freiheit möglich wird, damit wir etwas Neues, Besseres gestalten können, müssen wir das Alte versöhnt hinter uns lassen können. Ablehnung, innere Anklage zeigen, dass der alte Kampf noch nicht zu Ende ist. Ich hänge noch am Vergangenen. Erst wenn ich sagen kann: »Ich bin der Sohn, die Tochter dieser Eltern, und ich stimme dem zu, mit allem, was es bedeutet« – dann bin ich dem Kampf entronnen, dann lasse ich das Vergangene vergangen sein und bin frei für die Zukunft, und erst dann schiebt sich das Erlebte und Erlittene nicht mehr als trennendes Hindernis zwischen mich und den Partner. Mit Versöhnung ist nicht gemeint, dies zu billigen oder in etwas Positives »umzudeuten«. Das Schlimme bleibt schlimm. *Dauer, 49*

Wer wir sein wollen

Verliebtheit hilft den Partnern, ihre beiden »fremden« Welten, aus denen jeder kommt, zu einer Welt zu verschmelzen, in der sich beide zu Hause fühlen. Verliebtheit überwindet die Fremdheit der beiden Einzelwesen und stellt eine Vertrautheit her, welche die Bindung zur Herkunftsfamilie lockert und so ein eigenes abgegrenztes »Paar-System« entstehen lässt. Das heftige Gefühl der Verliebtheit macht einen neuen Anfang in der Generationenfolge möglich. In der Verliebtheit entsteht die Vision, was unsere Beziehung sein könnte –

und damit ein Leitbild für den weiteren gemeinsamen Weg, das man sich immer wieder vor Augen halten kann, wenn es einmal schwierig wird. *Partnerschaft, 203*

Verliebtheit hilft den Partnern, ihre beiden »fremden« Welten zu einer Welt zu verschmelzen.

Verständigung

Habe ich/haben wir außer der erotischen Anziehung auch noch das Gefühl einer tiefen Zusammengehörigkeit? Diese Frage betrifft die spezielle Qualität der Liebe, die ein Paar verbindet. Ist bei aller individuellen Unterschiedlichkeit auch ein Gefühl von tiefer Vertrautheit zwischen uns vorhanden?

Einige Fragen betreffen die Übereinstimmung in zentralen Lebensthemen. Dazu gehört auch die Frage: Wie stellen wir uns eine gemeinsame Zukunft vor? Gemeinsame Kinder – wie stehen wir dazu? Rollenaufteilung zwischen Mann und Frau bezüglich Beruf und Familie: Wie stellen wir uns die Vereinbarkeit von beidem vor? Weltanschauliche Fragen, religiöse Überzeugungen und »Lebensphilosophie« – können wir uns darüber verständigen, oder bleibt uns der andere darin fremd und unverständlich? *Liebe, 13f*

Interessiert bleiben

Beziehung braucht also möglichst schon von Anfang an oder im Laufe der Zeit deutlich wachsend ein Grundgefühl von Ähnlichkeit, im Sinne von Vertrautheit, Nähe und Zusammengehörigkeit. Auf dieser Basis können, ja sollten Unterschiedlichkeiten, auch Gegensätze vorhanden sein. Sie sind das »Salz in der Suppe« der Beziehung, das sie immer wieder schmackhaft macht und erhält. Sind sie zu wenig vorhanden, ist es bedeutsam für den Bestand der Beziehung, dass sie durch die individuelle Entwicklung der Partner gestärkt werden.

Liebe, 58

Beziehung braucht ein Grundgefühl von Ähnlichkeit.

Die große Frage

Das Bedürfnis nach Bindung, das Bedürfnis, für den anderen der/die Wichtigste, in diesem Sinn »Einzige« zu sein, äußert sich mindestens als Frage in jeder länger dauernden Beziehung: Ist der andere der, für den ich der/die Wichtigste, der/die Einzige bin? *Dauer, 16*

Im Unentschiedenen

In unserer Gesellschaft hat sich in den letzten Jahren eine Phase der menschlichen Entwicklung herausgebildet, die es so im Lebenszyklus früherer Generationen nicht gab, die sogenannte »zweite Adoleszenz«. In dieser Zeit werden sogenannte »Probeehen« immer häufiger. Man zieht mit dem Freund, der Freundin zusammen und lebt wie ein Ehepaar, ohne sich als solches zu definieren. Auch dies kann ein durchaus angemessenes, nützliches oder sogar notwendiges Stadium sein, um die eigenen Fähigkeiten zu erproben und in Beziehungen, im Lebensstil und im Beruf jene Ausrichtung zu finden, die zur eigenen Person passt. Hier droht allerdings eine Gefahr: dass die beiden den Zeitpunkt übersehen, an dem ein nächster Schritt in ihrer Beziehung fällig wird. In gewissem Sinn ist die Situation jetzt unklarer, als sie vor dem Zusammenziehen war. Da war sie seine Geliebte, und er war ihr Geliebter, und die beiden waren ein Liebespaar. Was sind sie jetzt? *Dauer, 15*

Wofür?

Das Vermeiden der ausdrücklichen Beziehungsdefinition zugunsten der Wachstumsidee läuft in vielen Fällen gerade im Gegenteil darauf hinaus, dass das Paar sich daran hindert, ins Erwachsenenalter einzutreten. Aus Angst, zu früh »etabliert« zu werden, vermeiden sie, sich auf die gleiche Ebene wie die Eltern zu stellen. Sie leben in einer quasi-adoleszenten Lebensform, in der noch alles offen sein soll. Dem entspricht, dass sie sich nach wie vor im Grunde ihres Herzens als »Sohn« und »Tochter« fühlen. Auch wenn sie die dreißig schon überschritten haben, leben sie noch wie zwei Jugendliche in Opposition zu den Eltern. Ihre Lebensform ist mehr durch ein »Gegen« (die Eltern) als durch ein »Für« (ihr eigenes Leben und ihre eigenen Ziele) geprägt. Eine wirkliche Auseinandersetzung mit den Eltern wird dabei eher vermieden als geführt. *Paar, 106*

Wankelmut

Wachstum und Entwicklung sind zunächst unbewusst. Sie vollziehen sich tatsächlich von selbst. Wir Menschen sind aber auch bewusste Wesen. Was wir nicht in unser Bewusstsein hineingenommen haben, wird nicht voll zu unserer Wirklichkeit. Ein »unbewusstes« Ja zum anderen, wie es viele Paare leben, ist kein volles Ja. Genau dasselbe gilt natürlich auch umgekehrt: Ein bewusstes Ja, das nicht vom Unbewussten her gefüllt ist, sondern über dieses einfach hinweggeht, wird nicht lange tragen. Aber auch, wenn wir bei aller »unbewussten« Zuneigung das bewusste Ja vermeiden, wird sich der andere nicht voll gemeint fühlen. Erst wenn ich eine bewusste, willentliche, ausdrückliche Entscheidung für ihn gefällt habe, erst dann bin ich ganz bei ihm angekommen, erst dann wird meine Zuneigung auch Hingabe. *Paar, 104f*

Ein »unbewusstes« Ja zum anderen,
wie es viele Paare leben,
ist kein volles Ja.

Leben gestalten oder gelebt werden

Jede Entscheidung schließt andere mögliche Entscheidungen aus. Solange man in einer undefinierten Beziehung lebt, hält man sich auch noch alle anderen Möglichkeiten offen. Vielleicht kommt doch noch ein anderer/eine andere, der/die mich mehr liebt. Und vielleicht will ich ja noch etwas ganz anderes machen, ganz woandershin ziehen oder überhaupt allein bleiben ...
Wenn ich keine definitive Entscheidung gefällt habe, bleibt das alles – scheinbar – offen. Mit einer definitiven Beziehungsentscheidung lege ich mich aber fest – und schließe damit andere Möglichkeiten aus. Diese Tatsache macht Angst, und darum wird die Entscheidung vermieden. Diese Argumentation ist eine Selbsttäuschung. Das Leben entscheidet vieles selber – ohne unser Zutun. Je länger ich lebe, desto geringer werden meine Wahlmöglichkeiten, ob ich Entscheidungen fälle oder nicht. Es geht ab einem gewissen Zeitpunkt nicht mehr nur ums Ausprobieren, sondern ums Verwirklichen, Aufbauen und Ausbauen. Dies ist ein wesentliches Kennzeichen der Reife: einiges wenige, aber das richtig!

Paar,107

> *Das Leben entscheidet vieles selber –*
> *ohne unser Zutun.*

Herausforderung

Eine sehr versteckte und immer beliebter werdende Möglichkeit, den Schritt in die Verbindlichkeit zu vermeiden: Man heiratet, weil ein Kind unterwegs ist. Damit vollzieht man zwar eine klare Beziehungsdefinition, aber diese wird »wegen des Kindes« vorgenommen und nicht, »weil ich Mann mich dir als Frau geben« und »ich Frau mich dir als Mann geben will«. Es geht hier um eine Entscheidung auf der Paarebene, die eine Elternschaft erst begründet – und nicht umgekehrt. Paare haben für ihre Zukunft eine festere Grundlage, wenn sie sicher sind, dass die Entscheidung füreinander aufgrund ihrer Beziehung als Frau und Mann und unabhängig von einem gemeinsamen Kind oder gemeinsamen Kindern gefallen ist. *Dauer, 21*

Unverbindlich

Sie sind hin- und hergerissen zwischen Bindungssehnsucht und Bindungsangst. Wenn Sie Ihre Partnerbeziehung »undefiniert« lassen, kommt das dieser Problemlage in gewissem Sinn entgegen, stellt sogar eine Art Problemlösung dar: Sie haben eine kontinuierliche Beziehung, aber Verbindlichkeit vermeiden Sie. Freilich ist das keine wirkliche Lösung. Denn das Bedürfnis in Ihrer Seele nach echter tiefer Bindung bleibt dabei trotzdem unbefriedigt, und oft enttäuschen Sie mit Ihrer Nichtentscheidung den Partner, der den Schritt in die Verbindlichkeit machen möchte. *Dauer, 18f*

Uns selber annehmen

Wenn wir unsere Begrenztheit liebevoll akzeptieren, bei uns und beim Partner, entsteht Akzeptanz. Auf der Basis von Akzeptanz – und nur auf dieser – werden dann auch Änderungsschritte möglich. Veränderungs-druck erzeugt nur Widerstand, Akzeptanz eröffnet neue Möglichkeiten. *Liebe, 189*

II

Liebe – die einzige Freiheit

Unser Leitgedanke

Die Liebe als Erlebnis wird uns ohne unser Zutun geschenkt, sie wird uns aber geschenkt nicht als Realität, sondern als Vision. Die Verliebtheit ist eine Vision von dem, was zwischen Frau und Mann sein könnte. Aber es wäre ein Irrtum zu meinen, damit wäre es schon getan. Der Prozess der Realisierung muss jetzt erst beginnen. Es wäre außerdem ein Irrtum zu meinen, die Vision wäre von der Realisierung ohne Weiteres einzuholen. Sie bleibt, wie die künstlerische Vision, eine Art Leitidee, etwas, das uns immer vorangeht. Würde dies von heutigen Paaren nur ein wenig mehr beachtet, hätten wir ein gutes Stück unserer Beziehungsmisere überwunden. *Paar, 26*

Die Verliebtheit ist eine Vision von dem, was zwischen Frau und Mann sein könnte. Aber es wäre ein Irrtum zu meinen, damit wäre es schon getan.

Liebe gestalten

Liebe ist ein Entwicklungsprozess, nicht ein »Ereignis«, das mit einem Mal da oder auch wieder weg ist. Vielmehr entwickelt und entfaltet sich die Liebe über die Zeit hinweg in unterschiedlichen Phasen. Dieser Prozess

vollzieht sich nicht ohne unser Zutun, er muss von uns
aktiv gestaltet werden. Was uns in der Phase der Verliebtheit quasi ohne unser Zutun geschenkt wird, das
kann auf Dauer nur Wirklichkeit bleiben, wenn wir es
uns – jeder für sich und gemeinsam – erarbeiten.
Beziehungsarbeit ist nötig, damit unsere Zugewandtheit
zum Partner nicht nur eine vorübergehende Stimmung
bleibt, sondern eine tragfähige Haltung wird. *Partnerschaft, 20*

Liebe ist ein Entwicklungsprozess,
nicht ein »Ereignis«.

Einander schenken

Wenn das sexuelle Begehren zum anderen »treibt«, begeben wir uns auf den Weg aus der Selbstgenügsamkeit
heraus auf den anderen zu. Wir öffnen uns nicht nur
mit Geist und Seele, sondern mit allen unseren Sinnen
auf das Du hin. Wir begeben uns so in die Bewegung
der Hingabe hinein, und um Hingabe unseres kleinen
Ichs an das größere Du geht es ja auch in Glaube und
Frömmigkeit. *Partnerschaft, 219*

Das unerreichbare Ideal

Die Liebenden müssen sich bewusst bleiben, dass die »Unio mystica«, die sie in der erotischen Ekstase erfahren, ein Aufleuchten ist, eine Vision. Die Liebe zwischen den Geschlechtern kann die Sehnsucht nach der umfassenden Vereinigung nicht stillen. Sie ist eher dazu da, sie in uns wachzuhalten und uns auf den Weg dahin zu schicken. *Paar, 123*

Absolute Vereinnahme

Liebe als Dauerverschmelzung, das ist ein sehr verbreitetes und tief sitzendes Beziehungsideal, es wird uns in tausend Schlagern täglich untergejubelt. Über dieser Liebe steht das Motto: »Ohne dich kann ich nicht leben.« Das will sagen: Wenn ich mit dir nicht mehr vereinigt bin, dann fehlt mir ein wesentlicher Teil meines Selbst. Dieser Satz erscheint vielen Menschen als höchster Ausdruck der Liebe, in Wirklichkeit versetzt er, wenn er ernst gemeint ist, der Liebe den Todesstoß.

Paar, 36

In der Liebe geht es um Hingabe, nicht um Einverleibung.

Achtung und Beachtung

Wenn ich nicht verdränge, ausblende oder später be-
kämpfe, was mir am anderen auch fremd ist, sondern
es aufmerksam betrachte und beachte, kommt er »als
anderer« in den Blick. Ich begegne damit der Gefahr,
ihn »einzugemeinden« und ihm damit nur in einem Teil
seiner Persönlichkeit gerecht zu werden. Wenn ich der
Fremdheit des anderen begegne, bin ich herausgefordert,
ein Stück weit die eigenen Ichgrenzen zu übersteigen.
In der Liebe geht es um Hingabe, nicht um Einverleibung. *Dauer, 35*

Liebe braucht Gegenseitigkeit.

Wesentliche Schritte

Ich nehme das Anderssein des anderen zur Kenntnis
und billige es auch. Er passt nicht nur zu mir, er ist
nicht Teil meiner selbst, er ist eben – ein anderer! Ich
stelle mich auf dieses Anderssein immer wieder ein.
Das ist der Schritt von der Verliebtheit zur reifen Liebe.
Was darüber hinaus dann noch an Änderungswün-
schen bleibt, äußere ich gegenüber dem anderen ohne
Abwertung und »eingebettet« in mein grundsätzliches
Wohlwollen für seine Person. *Liebe, 190*

Ich und du

Liebe braucht Gegenseitigkeit. Liebe ist darauf angewiesen, vom anderen mit Liebe erwidert zu werden. Sonst geht sie ins Leere, wird eine »unglückliche Liebe«, verbrennt gewissermaßen und verbraucht sich irgendwann. Die Liebe zwischen Mann und Frau kann sich nur im Wechselspiel von »Lieben« und »Geliebtwerden« entfalten. Allerdings kann man daraus nicht die typische Forderung der Gerechtigkeit ableiten: Wie du mir, so ich dir. Liebe kann nicht die Liebe des anderen einfordern, nach dem Motto: »Wenn ich dir Liebe schenke, musst du mich ebenfalls lieben!« Liebe ist in diesem Sinn ohnmächtig: Sie kann nicht fordern, ist aber, um zu gedeihen, auf die Liebesreaktion des Geliebten angewiesen.

Liebe, 195

Etwas ganz Wesentliches für die Partnerliebe: Empathie, Einfühlung.

Aus der anderen Sicht

Wenn wir uns auf solche Weise aktiv um die Eigenart(en) des anderen kümmern, lernen wir etwas ganz Wesentliches für die Partnerliebe, nämlich Empathie, Einfühlung. Einfühlung heißt, »mich in die Schuhe des anderen stellen«, die Dinge aus seiner Perspektive betrachten lernen, gerade dort, wo ich auf sein Anderssein stoße, das ist ein wesentliches Element einer dauerhaften Partnerliebe. Allerdings nur unter der Voraussetzung, dass es wechselseitig geschieht. *Dauer, 31*

Eigenverantwortung

Damit aus Bindung und Liebe keine kindliche Abhängigkeit vom Partner wird, bedarf es der beständigen Achtsamkeit der Partner für ihre Autonomie und des eigenverantwortlichen Arbeitens am eigenen autonomen Lebensvollzug. *Liebe, 138*

Mit dir statt ohne dich

»Ich kann nicht ohne dich leben.« Abhängigkeit, wie sie auch zu einem reifen und autonomen Erwachsenenleben gehört, wäre demgegenüber so zu umschreiben: »Ich lasse mein Leben bewusst zu einem Teil von dir bestimmen«, und: »Ich will nicht ohne dich leben, auch wenn ich – wenn es sein müsste – ohne dich leben könnte.« Der entscheidende Unterschied besteht also im »nicht anders wollen« statt »nicht anders können«. Abhängigkeit der letzteren Art schadet einer reifen Liebe, auch wenn es natürlich immer auch solche Elemente in unserer partnerschaftlichen Beziehung geben wird. Aber auf der Basis eines fortdauernden Bemühens um die Erhaltung und Entwicklung der eigenen Autonomie kann daraus nach und nach ein »Ich will es so!« werden – und ohne diese freiwillige, gewählte Abhängigkeit ist wohl keine Liebesbeziehung zwischen zwei Partnern möglich. *Liebe, 139f*

Kein Zwang

Liebe darf, ja muss manchmal eifersüchtig sein, aber wenn sie versucht, Macht über den anderen auszuüben, zerstört sie sich selbst. Insofern ist meine Liebe immer »ohnmächtig«, sie kann den anderen nicht zwingen, mich wieder zu lieben. *Partnerschaft, 137*

Liebe will Verbindlichkeit.

Mehr als ein Gefühl?

Liebe will Verbindlichkeit. Wenn sich in der Liebesbeziehung diese Wechselseitigkeit entfaltet, stellt sich nach einiger Zeit bei einem der Partner oder bei beiden der Wunsch oder auch erst nur die Frage ein: Könnte aus dieser Verbindung für mich/für uns eine Lebensgemeinschaft werden? Hier meldet sich das Bedürfnis der Liebe nach Verbindlichkeit: Die Liebe als Gefühl drängt nun auf die Liebe als Entscheidung hin: »Ich liebe dich und fühle mich von dir geliebt. Darum möchte ich auch mit dir leben!« Wenn dieser Wunsch von beiden geteilt wird, ist der Schritt in die Verbindlichkeit angesagt. Wenn nicht, handelt es sich entweder noch um eine vorläufige Beziehung, deren Charakter sich erst noch herausstellen muss, oder es ist eine Trennung angesagt, weil einer der Partner diese Liebe des anderen nicht erwidern kann oder will. *Liebe, 196*

Wesentlich

Treue ist kein Gebot »von außen«, sondern sie ergibt sich
aus dem Wesen der Liebe, jedenfalls in dem Verständnis von Liebe, das sich in den letzten Jahrzehnten in
unseren Breiten entwickelt hat. *Liebe, 96*

Treue ist kein Gebot »von außen«,
sondern sie ergibt sich
aus dem Wesen der Liebe.

Der richtige Zeitpunkt

Zum menschlichen Leben gehört beides: Es muss sich
etwas entwickeln können – dafür ist es wichtig, abzu-
warten, sich Zeit zu lassen. Aber es gibt auch den Moment, den »Kairos«, da muss entschieden, gehandelt
werden, selbst dann, wenn noch die eine oder andere
Unklarheit und Unsicherheit vorhanden ist. Das ist die
Kunst, von der hier die Rede ist: Zuwarten können,
der Beziehung Zeit lassen, sich zu entwickeln – also eine
gewisse Passivität; und dann, wenn wir spüren, dass es
Zeit ist, sich entscheiden, sich festlegen – also aktiv
werden, handeln. Wenn nicht irgendwann spürbar wird,
dass »es« jetzt dran ist, ist das ein Grund, ernsthaft
über Trennung nachzudenken. *Dauer, 24*

» Ich bin dein Mann. «
» Ich bin deine Frau. «

Verbindlichkeit und Dauer

Eine Liebe zwischen Mann und Frau, die tendiert zu
Verbindlichkeit, sonst gleitet sie in Beliebigkeit ab. Mit
Verbindlichkeit ist aber der Anspruch auf Dauer gegeben. Die Wachstumsideologie versucht sich um diesen
Anspruch herumzudrücken und diffamiert ihn als
Streben, den anderen zu besitzen. Dieses Streben gibt
es natürlich, und man muss sich immer wieder klar-
machen, dass man kein Besitzrecht auf den anderen hat
und dass ständiges Loslassen ebenfalls zur täglichen
Übung in der Paarbeziehung gehört. Aber der Anspruch
auf Verbindlichkeit und Dauer hat nichts mit Besitz-
streben zu tun. Er entspricht im innersten Kern der
Hingabe aneinander. Wenn ich wirklich sage: »Ich bin
dein Mann«, »Ich bin deine Frau«, entsteht Verbindlichkeit und der Anspruch auf Dauer. Und wenn ein Paar
diese Entscheidung füreinander fällt, sagen die Partner
zueinander: »Ich will dich ganz als Mann.« – »Ich will
dich ganz als Frau.« »Ganz«: Das schließt auch die zeitliche Dimension, die von unserer Existenz nicht zu
trennen ist, mit ein. Nur eine solche Entscheidung lässt
den anderen letztlich nicht allein, nur sie bedeutet
Hingabe, nur sie schafft wirkliche Intimität. *Paar, 110f*

Damit etwas Gutes möglich wird

Was das Liebeserlebnis eigentlich ist, scheint mir am deutlichsten zu werden durch den Vergleich mit dem Prozess der Schaffung eines Kunstwerks. Darum möchte ich dieser Analogie folgen. Am Anfang des Kunstwerks steht die Intuition. Die Intuition enthält die Vision des Kunstwerks, seine mehr oder weniger deutliche, mehr oder weniger faszinierende Vorausahnung. Die Intuition ist aber in keinem Fall schon das Kunstwerk selbst. Der Künstler weiß, dass nur etwas daraus wird, wenn er jetzt, da ihm die Intuition zuteil wurde, in den Prozess der Realisierung eintritt. Für diesen Prozess braucht er: Material, Werkzeug, Können, und vor allem: Handeln, Tun, Arbeit. Diese Arbeit ist ein langwieriger Prozess, bei dem manches gelingt, manches aber auch schiefgeht. Aber auch wenn es so ist, der Künstler weiß: Nur so kann seine Kunst real sein, nur so überwindet er das unverbindliche Spiel der bloßen Möglichkeiten.

Paar, 25

Reicher durch Hingabe

In der Liebe findet das Ich seine Erfüllung, seine Verwirklichung. Aber auf welche Weise? Hier stoßen wir auf ein Grundparadox menschlicher Existenz. Der Mensch findet seine höchste Entfaltung nur in der Selbst-Hingabe. Wer ängstlich an sich selber festhält, geht sich selber am radikalsten verloren. Wer sich selbst hingibt, findet zu seiner Fülle. Das erleben wir schon in ganz einfachen Zusammenhängen: Wenn ich in einer Sache so sehr aufging, dass ich mich ganz vergaß, bin ich – so stelle ich hinterher erstaunt fest – am glücklichsten gewesen. Wenn ich von etwas fasziniert bin, zum Beispiel einem Kunstwerk, dann bin ich ganz »bei der Sache«, bin wie »außer mir« und stelle dennoch fest, dass ich gerade dadurch am meisten bei mir bin und in meinem Selbst am meisten »wirklich« bin. Ebenso erlebe ich mich in der Liebe in meinen besten Möglichkeiten, wenn es mir geschenkt ist, selbstvergessen einfach zu geben und ganz beim anderen zu sein. Solche Momente erleben wir als die größte Gnade. *Paar, 61f*

In der Liebe findet das Ich seine Erfüllung, seine Verwirklichung.

Weil es Liebe ist

Liebe will geben. Wenn ich liebe, habe ich das Bedürfnis, zu geben. Liebe schenkt. Liebe ist Hingabe. Wenn ich liebe, gebe ich nicht, um etwas zurückzubekommen. Wenn ich liebe, gebe ich, weil ich liebe. Dies unterscheidet die Liebe von einem bloßen Partnerschaftsverhältnis. Dieses beruht auf Gerechtigkeit: Ich gebe – und will »mit Recht« Gleichwertiges wiederhaben. Bei der Liebe verhält es sich anders: Sie gibt, weil sie Liebe ist.

Liebe, 195

Wenn ich liebe, gebe ich, weil ich liebe.

III

Die hohe Zeit der Liebe

Nur du

In der Frage, ob mich der Partner heiraten will, ist diese Frage enthalten: Wirst du, willst du der Mensch sein, der bei mir ist »in guten wie in schlechten Tagen« und mich nicht in der Welt allein lässt, für den ich der/die Einzige sein darf, die wichtigste Person im Leben? *Liebe, 21*

Eine neue Qualität

Viele Paare spüren den Zeitpunkt, da sich die Frage unabweisbar stellt. Und dann sagt einer von beiden: »Sag, wollen wir nicht heiraten?« Dieser Schritt war jetzt fällig, und er initiiert und erschließt eine neue Qualität des Zusammenlebens, die es bisher zwischen uns nicht gegeben hat. Es beginnt jetzt wirklich etwas Neues, und nicht nur deshalb, weil die Heirat auch vermögens- und erbrechtliche Folgen hat. Es beginnt auch psychologisch etwas Neues. Das spüren sogar Paare, die jahrelang »nur so« zusammengelebt haben und aus irgendeinem Grund dann doch noch die Entscheidung fällen, ihre Beziehung »zu legalisieren«. Dieser Schritt des ausdrücklichen Ja zueinander, die Aussagen »Du bist mein Mann, ich bin deine Frau« beziehungsweise »Du bist meine Frau, ich bin dein Mann« bewirken in der Seele eine Klarheit und Verbindlichkeit, die es vorher nicht gab. In der Regel erfüllt das beide mit einem tiefen Glück, bei allen Unsicherheiten und Ängsten, die vielleicht auch noch damit verbunden sind. Damit wird dieser Schritt nicht eine Garantie, aber eine gute Grundlage für eine »Liebe auf Dauer«. *Dauer, 16f*

*Der Schritt des ausdrücklichen Ja
zueinander bewirkt in der Seele eine
Klarheit und Verbindlichkeit,
die es vorher nicht gab.*

Deutlich machen

Wir Menschen sind leibliche und soziale Wesen. Das
bedeutet in unserem Zusammenhang zweierlei: Damit
etwas für uns volle Wirklichkeit wird, wollen wir es
nach außen zum Ausdruck bringen, und wir wollen es
anderen mitteilen und mit anderen teilen. Darum entspricht ein Ritual in der Gemeinschaft und vor Vertre-
tern dieser Gemeinschaft, wie es beim Eingehen einer
Ehe üblich ist, genau dem, worum es hier geht. Die
Vermeidung dieses Ausdrucks im Ritual, die Vermeidung der Öffentlichkeit in diesem Zusammenhang,
auch die Vermeidung der entsprechenden rechtlichen
Konsequenzen, sind darum nicht selten Symptome
dafür, dass der Mut und der Wille zur Verbindlichkeit
doch nicht ganz vorhanden waren und dieser Schritt
ein Stück weit vermieden worden ist. *Dauer, 24*

Einander ein Zeichen geben

Wir Menschen sind leibliche, sinnenhafte Wesen. Wirklichkeit wird etwas für uns erst, wenn wir es auch sehen, greifen, anfassen können. Darum muss die Entscheidung für eine Beziehung nicht nur bewusst gefällt, sondern sie muss auch sichtbar gemacht werden. Dem entspricht es, dass Eheschließungen auch juristisch formuliert und mit Symbolen umgeben werden, dass man zum Standesamt, in die Kirche geht, unterschreibt, Ringe wechselt und ein Fest feiert. Die bewusste, in äußeren Formen ausdrücklich gemachte Entscheidung bringt etwas qualitativ Neues. *Paar, 105*

Gemeinsam auf dem Weg

Wenn wir zusammenleben und den weiteren Weg zusammen gehen wollen, ist der Schritt zum Heiraten zutiefst sinnvoll: Wenn ich ein anspruchsvolles Ziel habe, weiß ich nie ganz sicher, ob es mir auch gelingen wird, dieses Ziel zu erreichen. Aber wenn ich mich erst gar nicht entschlossen habe, es unbedingt anzusteuern, habe ich von vornherein verloren. Bei anspruchsvollen Projekten ist ein unbedingtes »commitment«, wie die Amerikaner sagen, erforderlich, um erfolgreich zu sein. Das gilt auch für die Paarbeziehung. Das ist für mich auch der bleibende Sinn des kirchlichen Traugelöbnisses: »bis der Tod uns scheidet«. *Liebe, 22*

Eine neue Einheit

Eine klare, bewusste und definitive Beziehungsentscheidung ist oft der lange anstehende Schritt der Emanzipation von den eigenen Eltern. Erst dadurch nehmen beide den Erwachsenenstatus, den sie dem Alter nach schon lange erreicht haben, subjektiv in Besitz. Erst dann haben sie auch wirklich die Chance, eine Alternative zu entwickeln zu dem, was sie bei ihren Eltern als unbefriedigend erlebt haben. *Paar, 107*

Bei anspruchsvollen Projekten ist ein unbedingtes »commitment« erforderlich, um erfolgreich zu sein.

Die gemeinsame Quelle

Obwohl heutzutage die Beziehungen sehr viel weniger haltbar sind als früher, scheint für immer mehr Menschen eine befriedigende Paarbeziehung die wichtigste Quelle von Sinn zu sein. Vielen Menschen zerbricht schlechthin ihr Lebenssinn, wenn ihre Liebesbeziehung zerbricht. *Paar, 115f*

Unbedingtes Ja

Wir suchen in der Partnerliebe genau das, was wir überhaupt als Menschen brauchen, um leben zu können: das unbedingte Ja zu unserer Person. Dass jemand da ist, der zu uns steht – über all das hinaus, was wir an konkreten Eigenschaften haben. Und darum suchen wir dieses Ja auch nicht nur für eine begrenzte Zeit, etwa die Zeit unserer Kindheit, sondern ohne zeitliche Grenze. Was wir suchen, ist ein Mensch, der sich mit uns unbedingt einlässt und auf den wir uns unbedingt einlassen können. Alles andere wäre ein Ja mit Vorbehalt. *Liebe, 96f*

Was eine Ehe stabil macht, das wird immer mehr einzig und allein die zwischenmenschliche Qualität der Partnerschaft.

Es liegt an uns

Gegenseitiges Verständnis und Liebe – das sind sehr subjektive Faktoren, die Gefühlsschwankungen unterliegen und einzig und allein von den Betroffenen, ihren Eigenschaften, ihren Fähigkeiten und ihren Entwicklungen abhängen. Von daher ist es kein Wunder, dass Ehen heute in ihrem Bestand viel gefährdeter sind, als sie es noch vor wenigen Jahrzehnten waren. Die Stabilität unserer Ehen hängt heute fast ausschließlich an unseren persönlichen Fähigkeiten und Grenzen, mit unseren Partnern klarzukommen. *Partnerschaft, 18f*

Was uns wertvoll ist

Die weltanschaulich untermauerte Norm, die fest umschriebenen Geschlechter-Rollen und der wirtschaftliche Zwang: Das sind alles Faktoren, die die Ehe der Partner von außen bestimmten und sie fast unausweichlich zusammenhielten, ganz gleich, wie es in ihrem Inneren aussah. In dem Ausmaß tun sie das heute gewiss nicht mehr, denn sie haben an Bedeutung verloren. Das aber heißt: Was eine Ehe stabil macht, das wird immer mehr einzig und allein die zwischenmenschliche Qualität der Partnerschaft. *Partnerschaft, 18*

Unser Versprechen

Die Liebe, die wir für angemessen halten, um ein gemeinsames Leben zu leben, soll ohne Bedingung, »unbedingt« sein, und das bedeutet Treue als unmittelbare Folgerung. Treue ergibt sich also aus dem Wesen dessen, was wir miteinander wollen, wenn wir heiraten, wenn wir uns für eine Lebenspartnerschaft entscheiden.
Liebe, 97

Unbegrenzte Zusage

Ich bin der Überzeugung, dass der Hingabe zwischen Frau und Mann eine innere »Unauflöslichkeit« zukommt. Die Liebe fordert eine Entscheidung, die mich ganz betrifft, die den anderen ganz betrifft, die also, wenn sie überhaupt eine Entscheidung füreinander ist, zeitlich nicht begrenzt und auch nicht von vornherein an bestimmte Bedingungen geknüpft werden kann, nach dem Motto: »Wir wollen zusammenbleiben, solange wir uns gut verstehen.« Diese Art von »Unauflöslichkeit« ist nicht gesetzlich vorgegeben und kann auch nicht unter Berufung auf den formellen Akt der Eheschließung eingeklagt werden. Sie hängt an der Ernsthaftigkeit der Entscheidung füreinander. Sie ist nicht ein vorgegebenes, unveränderbares Gesetz, sondern muss im Vollzug immer wieder neu errungen werden. *Paar, 111f*

Absolute Verlässlichkeit

Zwar erscheint mir ein »Gesetz« der Unauflöslichkeit als unsinnig, und dennoch halte ich es für höchst angemessen, uns bei der Hochzeit zu sagen, dass wir zueinander stehen wollen, »... bis der Tod uns scheidet«. Das allein entspricht der Unbedingtheit der Liebe, die entsteht, wenn Frau und Mann sich aufeinander einlassen. *Paar, 113*

Unverbrüchlicher Wille

Es heißt natürlich nicht, dass wir dieses Ja in jedem Augenblick unserer gemeinsamen Geschichte durchhalten können. Wir können auch daran scheitern. Und dennoch muss dieses Ja von Anfang an die Absicht des Unbedingten enthalten. So verhält es sich doch auch in anderen Angelegenheiten unseres Lebens: Wenn wir ein Ziel haben und es erreichen wollen, haben wir keine Garantie, dass uns dies auch gelingt. Aber wenn wir es nicht unbedingt wollen, erreichen wir es sicher nicht! Unser Leben verlangt immer wieder, dass wir uns mit ihm »unbedingt einlassen«, auch ohne jede Garantie, auch wenn wir ab und zu scheitern. So ist es auch und vor allem in Liebesbeziehungen. Das unbedingte Ja kann scheitern. Das bedingte Ja dagegen scheitert auf jeden Fall. Es widerspricht dem, was wir in Liebesdingen wollen. *Liebe, 97f*

Das unbedingte Ja kann scheitern.
Das bedingte Ja dagegen scheitert,
auf jeden Fall.

Darauf vertrauen

Nur wenn ich dieses unbedingte Ja, das auch das Versprechen der Treue enthält, zum anderen sagen will, ist es verantwortlich, sich mit ihm verbindlich zusammenzutun. Das schließt nicht aus, dass ich dabei unsicher bin, ob ich es auch durchhalten kann. Aber es schließt ein, dass ich das Ja zum anderen in dieser Unbedingtheit will. *Liebe, 98*

Einander verpflichtet

In Bindung leben, das bedeutet aber immer auch, Abhängigkeiten zu tolerieren. Eine Bindung in einer Paarbeziehung gehe ich ja ein, weil ich den anderen liebe. Bindung und Liebe gehören hier zusammen. Wenn ich aber den anderen liebe, kann ich nicht mehr tun, was mir gerade einfällt und was in diesem Moment für mich »stimmig« wäre. Ich bin Verpflichtungen eingegangen, die ich einhalten muss, ganz gleich, ob mir im Moment danach ist oder nicht. *Liebe, 135*

> In Bindung leben, das bedeutet
> aber immer auch,
> Abhängigkeiten zu tolerieren.

Nur aus Liebe
Tatsächlich aber wird die Liebe heute immer mehr zum einzigen Beweggrund, eine Ehe einzugehen. *Liebe, 96*

In Liebe verbunden
Beim Heiraten geht es um Bindung und um Verbindlichkeit in der Beziehung. In aller Öffentlichkeit bekenne ich mich zu diesem Partner: Wir gehören zusammen. Ich bin dein Mann, du bist meine Frau! Ich will mich verbindlich auf dich einlassen, mit dir zusammen den weiteren Weg gehen, ohne Wenn und Aber!

Liebe, 21

Nichts soll uns trennen

Die Verbindlichkeit ist in dem Moment, wo sie eingegangen wird, un-bedingt. Sie wäre sonst gar keine Verbindlichkeit. In diesem Sinn finde ich es auch höchst angemessen, wenn Paare sich, wie es in den Hochzeitsritualen beider christlichen Kirchen vorgesehen ist, diese Verbindlichkeit zusagen: »Bis der Tod uns scheidet.« Darin kommt ihre Unbedingtheit am prägnantesten zum Ausdruck. *Dauer, 22*

Die hohe Zeit

Durch rituelle Gestaltung erhält der Schritt zur Verbindlichkeit seine ihm angemessene Bedeutsamkeit für unser Leben. Anders spielen wir ihn herunter und machen ihn dadurch ein Stück weit nebensächlich.
Dauer, 26

Sinn erfüllend

Ich weiß nicht, was die Zukunft bringen wird. Trotzdem entscheide ich mich auch für die Zukunft. Das ist das Risiko, das mit unserer menschlichen Existenz gegeben ist. Wir können ihm nicht ausweichen, es macht zu einem wesentlichen Teil unser Leben und unser Zusammenleben aus. Erst wenn ich mit dem anderen die dunkle Zukunft wage, wird sich unsere gemeinsame Gegenwart mit Sinn füllen. *Paar, 105f*

IV

Zauber und Mühe der ehelichen Liebe

Neue Fragen

Wenn wir einander wirklich lieben, wird sich alles von selbst ergeben! Dies ist ein großer Irrtum! Denn zwischen »einander lieben« und »miteinander leben und den Alltag gestalten« besteht ein großer Unterschied. Eine große Leidenschaft füreinander besagt noch lange nicht, dass man ein Paar werden, ein gemeinsames Leben führen und sich über zentrale Lebensfragen verständigen kann. Die leidenschaftliche Liebe beruht auf einem rational letztlich unerklärbaren Gefühl füreinander. Das Zusammenleben aber stellt eine Reihe anderer Fragen, die mit der Liebe allein, die wir im Moment füreinander fühlen, noch nicht beantwortet sind, mit denen man sich auseinandersetzen muss, ehe man eine Entscheidung trifft. *Liebe, 12*

Die Entscheidung füreinander muss im täglichen Leben umgesetzt, eingeholt, immer wieder neu vollzogen werden.

Was uns trägt

Es ist freilich ein großes Glück, wenn ein Paar eine innige Verliebtheitsphase erlebt hat, in der beide sich so intensiv aufeinander einlassen konnten, dass ihre individuellen Grenzen verschwammen und sie »ein Fleisch« wurden. Eine solche Erfahrung kann für ein Paar eine solide emotionale Basis sein, die auch in schweren Zeiten trägt, und sicherlich haben es Paare zuweilen schwerer, die eine solche Verschmelzungsphase niemals erlebt haben. Natürlich ist es außerdem nötig, solchen Verschmelzungserfahrungen auch immer wieder Raum zu geben, denn sie sind gleichsam der Dünger, der unsere Beziehung immer wieder nährt. Aber nur mit Dünger gedeiht ein Garten auch nicht. Genauso nötig hat er, dass der Boden durchgearbeitet, Wucherndes weggeschnitten, der Rasen gelüftet, das Unkraut ausgerissen wird. Dies geschieht in einer Beziehung in den Phasen der Distanzierung, in denen die Abgrenzung und die Autonomie des Einzelnen in den Vordergrund rücken. Auch solche – vielleicht unangenehmen – Maßnahmen sind nötig, damit das Wachstum nicht blockiert und was wächst, nicht erstickt wird. *Paar, 46*

Unter allen Umständen
Die Entscheidung füreinander muss im täglichen Leben umgesetzt, eingeholt, immer wieder neu vollzogen werden. Auch wenn ich es nicht in der Hand habe, dass es gelingt: Der Akt der Verbindlichkeit beinhaltet, dass ich alles daransetzen werde, diese Verbindlichkeit im täglichen Leben zu realisieren. *Dauer, 25*

Gleichberechtigt

Liebe braucht Partnerschaftlichkeit. Fällt die Entscheidung für eine verbindliche Lebensgemeinschaft, kommt nun zur »Handlungslogik der Liebe« eine zweite, andere hinzu: die »Handlungslogik der Partnerschaft«. Zwei Menschen sind jetzt nicht mehr nur ein Liebespaar, sie sind auch eine Gemeinschaft zur gemeinsamen Lebensbewältigung und in diesem Sinn auch ein gemeinsames »Arbeitsteam«. Darum bekommt nun auch die »Handlungslogik der Gerechtigkeit« zwischen beiden größere Bedeutung – und damit die Frage: Fühlen sie sich als Partner auch gleich-berechtigt, gleich-wertig? Hier erhalten auch Forderungen der Partner an den anderen – zum Beispiel nach mehr Einsatz für das gemeinsame Leben, wenn dieser von einem der beiden nicht erbracht wird – ihre Berechtigung und Notwendigkeit. Die Liebe relativiert diese Forderungen zwar immer wieder, sie tut auch »mehr« um des anderen willen, als es bloße Gerechtigkeit fordern würde, aber sie wird überfordert, wenn es in der Beziehung auf die Dauer zu ungerecht zuzugehen beginnt. *Liebe, 196*

Liebe braucht Partnerschaftlichkeit.

Nähe und Distanz

In der Zeit der Verliebtheit war uns die individuelle
Freiheit nicht so wichtig, da wollten wir vor allem das
enge »Miteinander«. Aber wenn man versucht, daran
über diese Zeit hinaus festzuhalten, wird es ein uner-
träglicher Käfig. Das heißt: Eine Beziehung kann nur
lebendig bleiben, wenn es in ihr ein ständiges Wechselspiel zwischen »Ich« und »Wir« gibt. Neben den Zeiten,
in denen wir die Nähe des anderen suchen, muss es
auch Zeiten geben, in denen wir Distanz voneinander
nehmen. Solche Zeiten der Distanz, Zeiten, in denen
Frau und Mann im guten Sinn »ihr Ego pflegen«, gehören
also zur Partnerliebe mit dazu und stehen keineswegs
in Gegensatz zu ihr. *Partnerschaft, 21*

> *Eine Beziehung kann nur
> lebendig bleiben, wenn es in ihr ein
> ständiges Wechselspiel zwischen
> »Ich« und »Wir« gibt.*

Seinen Beitrag leisten

Die positive Grundstimmung zwischen den Partnern
ist nie einfach ohne Zutun der Partner vorhanden, oder
sie bleibt es jedenfalls nicht. Sie entsteht oder verschwin-
det, je nachdem, wie diese den Tag über miteinander
umgehen. *Dauer, 55*

Ausdrucksformen

Zu einer lebendigen Liebe in der Partnerschaft gehört ja auch noch anderes, zum Beispiel Solidarität, Kooperation, gemeinsames Engagement für Familie, Kinder, Haushalt und alle anderen Formen des täglichen »Miteinanders«. *Liebe, 70*

Was uns stark macht

Die Partnerliebe ist die tiefe Verbundenheit zwischen Mann und Frau, die sich in ihrer Person gegenseitig zutiefst bejahen. Das betrifft natürlich nicht jede Einzelheit am anderen, da ist auch Auseinandersetzung und wechselseitige Anpassung nötig, jedoch betrifft es die beiden in ihrem Person-Kern. Diese Verbundenheit ist das tragende Grundgefühl einer Liebesbeziehung, das, wenn vorhanden, auch in heftigen Krisen und Auseinandersetzungen durchhalten kann. *Liebe, 73*

Die Partnerliebe ist die tiefe Verbundenheit zwischen Mann und Frau.

Im Zusammenspiel von Gegensätzen

Die erste Voraussetzung beim Zusammenspiel der Liebe ist, dass sich die Partner über die Polaritäten des Lebens klar sind, zu denen »männlich – weiblich« ebenso gehört wie »hell – dunkel«, «warm – kalt, »hart – weich«,

»hoch – tief«, »laut – leise«, »rund – kantig«, was im chinesischen Taoismus im kosmischen »Yin/Yang« zum Ausdruck kommt. *Partnerschaft, 39*

Rollenmuster

Welche Entwicklungen untergraben die Ebenbürtigkeit von Frau und Mann? Zunächst ist die Macht der Vorbilder zu nennen. Die Rollenaufteilung unserer Elterngeneration ist nicht so leicht zu überwinden und etwas ganz anderes als unsere Eltern zu machen, wenn wir in dieselbe Lebenssituation kommen. Meist aktivieren wir dann ganz ähnliche Verhaltensmuster, denn das lebende Modell hat sich uns als Kindern am tiefsten eingeprägt. Wir sollten uns bewusst sein, dass unsere elterlichen Leitbilder viel tiefer in uns sitzen und wirken, als wir es wahrhaben wollen. Wir sollten uns deswegen nicht böse sein, sondern zunächst davon ausgehen, dass es so ist, bei der Frau genau wie beim Mann. Wenn wir uns dessen bewusst sind, dann kann es einen gemeinsamen Lernprozess geben. *Partnerschaft, 44*

Auf Gegenseitigkeit

Der Anspruch auf Selbstverwirklichung gerät bald mit den Interessen des Partners in Konflikt. Eine starke Enttäuschung muss sich einstellen, wenn klar wird, dass der andere auch seine Grenzen, Unsicherheiten, Selbstzweifel hat, wenn er dieselbe Ich-Erweiterung durch mich sucht und von mir erwartet, meinerseits seiner Selbstverwirklichung zu dienen. Sie erwartet, dass er für sie da ist, und er erwartet, dass sie für ihn da ist, und beide sind enttäuscht, dass der andere dazu nicht bereit ist. Diese »Liebe des Dienens und Funktionierens« wollen sie gerade nicht haben, denn sie verdient ihrer Meinung nach den Namen Liebe nicht. So wollen sie nicht untergebuttert werden. *Paar, 59*

Gute Verständigung

Spontan kommen uns Mahnungen und kritische Bemerkungen über die Lippen. Wir wissen oft nicht, wie wir uns das Leben gegenseitig schön und genussreich machen können. Darum kann es richtig und hilfreich sein, dass wir die Betonung des Positiven förmlich lernen, indem wir uns beispielsweise Formulierungen aneignen und einprägen, die sich dazu eignen: »Ich freue mich, das zu hören!«, »Ich danke dir dafür, dass du mir das gesagt hast«, »Finde ich richtig gut, wie du das machst« und so weiter. Wie man eine Fremdsprache lernt, so müssen viele von uns die positive Sprache der Liebe erst lernen. *Dauer, 68f*

Ein eingespieltes Team

Wenn zwei Liebende, die sich zum Zusammenleben entschlossen haben, kein gutes Team sind, wird ihre Liebe harten Belastungsproben ausgesetzt. Den häufig zu hörenden Ausspruch »Das ist dein Problem!« halte ich für einen der destruktivsten in einer Paarbeziehung.

Dauer, 133f

*Wie man eine Fremdsprache lernt,
so müssen viele von uns die positive
Sprache der Liebe lernen.*

Nicht immer ohne Blessuren

Partner, die ihre Beziehung als eine ebenbürtige leben wollen, stehen vor einer schweren Aufgabe. Sie müssen immer wieder aufs Neue einen Ausgleich suchen zwischen den Bedürfnissen des Ich und den Bedürfnissen des Wir. Was brauche ich als Individuum, und wie viel will ich in die Beziehung investieren? Wo muss ich nachgeben, wo mich durchsetzen? Da prallen die verschiedenen Vorstellungen und Bedürfnisse oft hart aufeinander, und dann geht es nicht immer ohne Blessuren ab. Bei allem Bemühen ist es also unvermeidlich, dass wir einander verletzen und so aneinander schuldig werden – gerade an den Menschen, die wir am meisten lieben, das ist unser Schicksal, dem wir nicht entkommen. *Partnerschaft, 88*

Voneinander lernen

An der Ich-Stärke und am Selbstwertgefühl muss man
als Einzelperson unabhängig vom Partner arbeiten.
Man kann aber auch die Paarbeziehung als Herausforderung dazu nutzen. »Mein Partner als Herausforderung
für eigene Entwicklung«: Dies gehört zu den wichtigsten Grundsätze für die individuelle Weiterentwicklung
in einer Paarbeziehung. *Liebe, 33f*

Den Ausgleich suchen

Ich kann mich dem anderen anpassen, wenn ich mich
in meinem Ich so stark fühle, dass ich die Anpassung
nicht als Niederlage erlebe. Andererseits kann ich mich
selbst behaupten, wenn mein Ich so stark ist, dass es
nicht um Selbstbehauptung kämpfen muss, wenn es
einmal nicht nach seinem Kopf geht. *Liebe, 31*

Die Gezeiten der Liebe

Individualität, Autonomie, Distanz sind nicht ein Gegensatz zur Liebe, sondern gehören zu ihr dazu. Partnerliebe ist nicht momenthaft immer wieder dasselbe.
Sie vollzieht sich in einer Art Pendelbewegung. Phasen
und Momente der Verschmelzung müssen von Phasen
und Momenten der Distanzierung abgelöst werden,
und diese münden wieder in Phasen und Momente der
Verschmelzung. Man kann sich nur vereinen, wenn
man auch immer wieder seine Getrenntheit erfährt.
Man muss einander von Zeit zu Zeit loslassen, damit

man sich wieder vereinen kann, und wenn man den anderen immer nur festhält, spürt man ihn auf einmal gar nicht mehr. *Paar, 44*

Man muss einander von Zeit zu Zeit loslassen, damit man sich wieder vereinen kann.

Elementar

Eines ist sicher: Die Sexualität macht die Paarbeziehung zur Paarbeziehung. Sie stiftet das charakteristische Band, das die beiden zu einem Paar macht. Sie bewirkt die körperliche Bindung, die es so in keiner anderen Form von menschlicher Beziehung gibt. *Paar, 88f*

Die Sexualität macht die Paarbeziehung zur Paarbeziehung.

Die Brücke

Wenn ich in der Sexualität die Lust als solche suche, suche ich darin nur mich, bleibe also ganz und gar auf mein eigenes Ich bezogen. Demgegenüber ist zu betonen, dass es in der Sexualität zentral um den anderen geht. Natürlich spielt dabei auch mein Bedürfnis, meine

Lust eine wichtige Rolle, aber es ist mein Bedürfnis »nach dir«, es ist meine »Lust auf dich«. Der Drang nach sexuellem Erleben sagt: »Es drängt mich danach, mich dir zu schenken.« Das ist der Kern jeder wirklichen sexuellen Begegnung. Eine solche Begegnung erfasst mich in meinem innersten Wesen, ist aber gerade dadurch äußerst lustvoll, dass ich nicht die Lust als solche anstrebe, sondern das Du des anderen. *Paar, 91f*

Von großem Wert

Hingabe ist nicht Unterwerfung, Funktionalisierung, Selbstentfremdung. Um diesem Missverständnis nicht zu erliegen, braucht es ein starkes Ich. Um mich hingeben zu können, muss ich mich erst selbst besitzen. Deshalb ist die Arbeit am eigenen Individuum, die Abgrenzung, das »Nein in der Liebe«, so unaufgebbar wichtig. Wo ich die Tendenz habe, mich »zu unterwerfen«, muss ich mich abzugrenzen lernen, um ein starkes Ich zu entwickeln. Dies ist eine Abgrenzung um der Liebe willen, denn nicht als Sklave, nur als Freier kann ich mich hingeben. *Paar, 63*

*Um mich hingeben zu können,
muss ich mich erst selbst besitzen.*

Unsere Vielfalt

Aus dem Verschmelzungserlebnis wird die Idee, nur als Paar vollständig zu sein. Das heißt mit anderen Worten, sie leben nicht mehr wie zwei getrennte Personen, sondern wie ein Lebewesen. Dieses symbiotische Muster macht die Beziehung zu einem Gefängnis, zu einem goldenen Käfig. Denn in Wirklichkeit bleiben ja beide – trotz aller Einheit und Einigkeit – zwei getrennte Individuen, und ohne dass es ihnen bewusst sein muss, bringt sich ihre Individualität zur Geltung. *Paar, 37f*

Wir sind keine Insel

Es kommt darauf an, die Partnerbeziehung in ein Netz anderer persönlicher Beziehungen einzubetten. Da ein solches Beziehungsnetz nicht einfach vorhanden ist wie früher, bedeutet das, dass Energie, Zeit und Mühe darauf verwendet werden müssen. Auch bezüglich solcher Beziehungen gilt: Sie passieren nicht von selber, und auch wenn man es nicht völlig in der Hand hat, dass sie entstehen und lebendig bleiben, kann man doch eine Menge dazutun. Die Paarbeziehung kann nicht die einzige Quelle von Zuwendung sein. Jeder der beiden Partner braucht andere Quellen, aus denen er zusätzlich schöpfen kann. Es lohnt sich, darüber nachzudenken, in welche Art von Beziehung ein Paar eingebettet sein soll, damit es sich nicht mit Beziehungsansprüchen gegenseitig überfordert. *Paar, 73*

Die Paarbeziehung kann nicht die einzige Quelle von Zuwendung sein.

Eigene Kraftquellen

Über die Pflege freundschaftlicher Beziehungen unter Paaren hinaus ist es aber auch wichtig, dass jeder der beiden Partner einzeln Freunde und Freundinnen hat, die nicht in gleicher Weise Freunde/Freundinnen des anderen Partners sind. Diese Art individueller Kontaktpflege ist etwas spezifisch anderes als eine Freundschaft von Paar zu Paar. Jede dieser individuellen Freundschaften ist eine Quelle individuellen Reichtums und individueller Lebensqualität. Darum kommen sie auch dem Partner zugute, weil ich dort bekomme, was ich hier wieder weitergeben kann. *Paar, 75f*

Sich abzugrenzen wissen

Liebe will Grenzen. Zu dieser Pflege gehört auch, dass das Paar auf die Grenzen achtet, die erforderlich sind, damit die Ursprungsliebe erhalten bleibt und sich immer wieder erneuern kann: Grenzen gegenüber den eigenen Eltern, Grenzen gegenüber den Kindern und Grenzen gegenüber anderen Nahestehenden, Verwandten und Freunden. *Liebe, 197*

Liebe will Grenzen.

Um einander beschenken zu können

Distanz braucht es auch. Ein Stück weit muss mir der andere sogar fremd bleiben. Denn wir sind zwei Individuen, die niemals vollständig miteinander verschmelzen können, die immer durch die Grenzen ihres Ichs voneinander getrennt bleiben. Da gibt es Brücken und Verbindungswege, und es gibt Momente fast vollkommenen Eins-Seins, aber aufs Ganze gesehen bleiben wir zwei. Und das ist auch gut so: denn nur zwei getrennte Individuen können sich in Liebe einander schenken. »Ein Herz und eine Seele« – das kann eine momenthafte glückselige Erfahrung sein, zum Beziehungsideal aufs Ganze gesehen taugt es kaum. *Partnerschaft, 115f*

Entwicklungsmöglichkeiten

Paare sind wie alle lebenden Systeme ständigen Veränderungsprozessen unterworfen. Man muss sogar paradox formulieren: Damit ein Paar seine Identität als dieses Paar behält, muss es ständig ein anderes werden. Ein Paar, das ein Kind bekommt, muss seine ganze Lebensweise umstellen, um dieses Paar bleiben zu können. Und wenn – in der Nachfamilienphase – das letzte Kind das Haus verlassen hat, müssen sich die Partner wieder ganz neu aufeinander einstellen, wenn sie nicht einen Bruch riskieren wollen. Sich einstellen auf Neues heißt aber: bisher Gewohntes und Eingespieltes loslassen und

Neues entwickeln, das man noch nicht kennt und vielleicht auch noch nicht kann. Die Krise, in die sie dadurch geraten sind, wird deutlich als Herausforderung für Entwicklung für beide. Es lohnt sich also immer wieder die Frage: »Zu welcher Entwicklung als Paar fordert uns diese Krise heraus?« *Paartherapie, 26ff*

Was wahr werden soll

Wir fragen uns: Wohin geht meine Lebenssehnsucht, für mich persönlich – und mit dir zusammen? Was meldet sich in mir, was unbedingt Wirklichkeit werden möchte, und wie könnte das konkret aussehen? Es geht dabei nicht um eine Flucht aus der Wirklichkeit. Aber es geht auch nicht um ein Versinken in einem resignativen »Realismus«. Es geht um ein Hinausgreifen über die derzeitigen Grenzen dieser Wirklichkeit, um sie zu erweitern. Es geht um den bereits genannten »Möglichkeits-Sinn«. Welche Wirkung haben diese Zukunftsbilder? Solche Bilder sind ein Antidepressivum ersten Ranges. Sie schaffen Luft, hellen unsere Stimmung auf, und oft machen sie uns wieder zuversichtlich, wenn wir gerade daran waren, mutlos zu werden. Wenn die Bilder, die wir entwerfen, »stimmen«, das heißt, wenn sie wirklich uns in der Tiefe entsprechen, dann entwickeln solche Bilder gleichsam »aus sich heraus« eine Tendenz zu ihrer Verwirklichung, sie schaffen Motivation zum Handeln. *Dauer, 174f*

Ein sicherer Hafen

Wenn Menschen die Erfahrung tiefer Liebe machen, wollen sie immer, dass diese Liebe von Dauer sei. Natürlich haben wir das Bedürfnis nach Freiheit, das Bedürfnis, die »Flügel auszubreiten« und losfliegen zu können, wohin wir wollen. Aber noch tiefer sitzt das Bedürfnis nach »Wurzeln«, nach einem sicheren Platz im Leben, das Bedürfnis nach einer festen Bindung. An einem Ort in unserem Leben wollen wir erleben: Hier bin ich geliebt, hier kann ich lieben. Das bedeutet der Tendenz nach Ausschließlichkeit. Und wenn es tatsächlich gelingt, bedeutet es, wie vielfache Erfahrung zeigt, inneren Reichtum und tiefes Glück. *Dauer, 10f*

V

Die Arbeit der Liebe

Oase des Menschseins

In unserer Zeit und Gesellschaft, in der immer mehr auf die Funktion geschaut wird, die ein Mensch – zum Beispiel an seinem Arbeitsplatz – zu erfüllen hat, und immer weniger auf ihn als Person, wird die Paarbeziehung immer mehr zum ersehnten einzigen Ort persönlicher Nähe. *Dauer, 92*

Hohe Erwartungen

Verliebte genügen sich selbst, schließen sich von allen anderen ab, wollen nur miteinander sein, und das ist gut und in Ordnung so. Dieses »Sich-Genügen‹ wird aber von vielen über die Phase der Verliebtheit hinaus als Anspruch festgehalten. Dies hat auch geschichtliche und gesellschaftliche Gründe. Viele Paare sind aus ihrem Wurzelboden herausgerissen. Sie leben weitab von ihren Herkunftsfamilien und ihrer Verwandtschaft, und auch wenn dies nicht der Fall ist, sind die jungen Leute, die sich als Paare zusammentun, meist nicht mehr so fraglos ihren Eltern verbunden wie in früheren Zeiten. Der Konflikt der Generationen ist heftig und zieht tiefe Gräben zwischen dem Paar und der Verwandtschaft. Durch die hohe, beruflich bedingte Mobilität junger Familien bleibt auch die Nachbarschaft fremd. Das gesamte Bedürfnis nach echter Beziehung richtet sich auf den einen, einzigen Partner. Von ihm wird erwartet, dass er das Loch, das tagsüber entstanden ist, am Abend, wenn man sich wieder trifft, nun endlich auffüllt. *Paar, 69ff*

Verliebte genügen sich selbst.

Noch interessiert?

Weiß ich eigentlich wirklich, was dich den Tag über beschäftigt, was dich umtreibt, bewegt, berührt? Fühlst du dich von mir in deiner Welt gesehen, verstanden, begleitet? Bist du noch neugierig auf mich? Bin ich noch neugierig auf dich? *Partnerschaft, 133*

Aneinander vorbei

Wenn wir aus unseren sehr verschiedenen »Welten« kommen, in denen jeder den Großteil des Tages verbracht hat, und uns so begegnen, treffen nicht nur wir als individuelle Personen zusammen, sondern auch immer diese zwei verschiedenen Welten, die uns immer noch bestimmen und die möglicherweise gerade gar nicht gut aufeinander passen. Er ist eigentlich noch im »Dort und Damals« und nicht im »Hier und Jetzt«. Und daraus entstehen zahllose Konflikte in Partnerschaften, und wenn diese auch noch zentrale Konfliktmuster des Paares berühren, können sich daraus leicht »Teufelskreise« entwickeln. Um dies zu verhindern, braucht es – genau betrachtet – immer zweierlei: Achtsamkeit für sich selbst und Achtsamkeit für den Partner. *Achtsamkeit, 53*

Aus Gewohnheit

Wir reagieren im Alltag in vielen Situationen gewohnheitsmäßig und oft mehr oder weniger »automatisch«.
Dies ist als Routine, über die ich nicht eigens nachden-
ken muss, für die Alltagsbewältigung auch ganz nütz-
lich, ja zum Teil auch notwendig. Aber dies »automatische« Agieren und Reagieren kann sehr schädlich sein,
vor allem in Beziehungen: Wie oft rutscht uns ein Wort
über die Lippen, das wir im Nachhinein lieber nicht
gesagt hätten! Wie oft vergessen wir etwas, das unserem
Partner wichtig ist, weil wir mit allem Möglichen beschäftigt, aber nicht im gegenwärtigen Augenblick sind!

Achtsamkeit, 20

*Achtsamkeit mit sich selbst und
Achtsamkeit für den Partner.*

Aus Achtung voreinander

»Spontan« den anderen zu verletzen und abzuwerten
kann kein Ziel in der Beziehung sein. Es passiert, natürlich, aber es ist meine Aufgabe als Partner, die Achtung vor dem anderen zu bewahren und zu lernen,
meine Reaktionen so weit in den Griff zu bekommen,
dass ich diese Achtung nie vergesse, ganz gleich, wie
meine Gefühle gegenüber dem anderen gerade »spontan«

sind. Deshalb gilt – mit den Worten meiner Kollegin Rosmarie Welter-Enderlin: »Schlechte Gefühle sind kein Grund für schlechtes Benehmen!« *Liebe, 86*

Eingestehen

Man kann Verletzungen nicht dadurch heilen, dass man sie wegsteckt. Eine ebenso ungeeignete Vorgehensweise – jetzt vonseiten dessen, der verletzt hat – ist es, dem Verletzten zu beteuern, dass ich ihn mit diesem oder jenem doch gar nicht verletzen wollte. Dennoch meinen viele Menschen, damit eine Verletzung ungeschehen machen zu können: »Aber das wollte ich doch gar nicht!« Wie wirkt diese Beteuerung auf den anderen, der sich verletzt fühlt? Dass man ihm die Berechtigung seiner Gefühle abstreitet: Er soll sich nicht verletzt fühlen, weil es ja nicht die Absicht war, ihn zu verletzen! Häufig entsteht daraus nur Streit mit neuen Verletzungen, weil der Verletzte spürt, dass der andere nicht bereit ist, seine Gefühle zu respektieren. Für einen heilsamen Umgang mit Verletzungen muss die Tatsache, dass der andere sich verletzt fühlt, ernst genommen werden. Es empfiehlt sich, nach dem Grundsatz vorzugehen: Ob ich den anderen verletzt habe, entscheidet sich nicht daran, ob ich das wollte oder nicht wollte, sondern an dem, was mein Tun oder Lassen bei ihm ausgelöst hat. *Dauer, 72f*

Schuld anerkennen

Die erste, ganz wesentliche Aufgabe des Verletzers ist es, zuzugeben, dass er etwas getan hat, das den anderen verletzte. Dies gilt auch dann, wenn er etwas anderes gewollt hat, wenn ein Missverständnis eine Rolle spielt und wenn der andere auch verletzend gehandelt hat. Das alles kann ja der Fall sein. Trotzdem ist es für eine Versöhnung unumgänglich, dass ich die Verantwortung für mein Handeln auf mich nehme, und das heißt: Schuld anerkenne, auch wenn es nicht beabsichtigt war, auch wenn es aus einem Missverständnis heraus geschah, auch wenn der andere mir ebenfalls etwas angetan hat. *Liebe, 167*

Für eine Versöhnung ist es unumgänglich, dass ich die Verantwortung für mein Handeln auf mich nehme.

Das muss gesagt werden

»Ich anerkenne, dass ich dich damit verletzt habe, und bitte dich dafür um Verzeihung.« Auch Formulierungen wirken natürlich nicht »automatisch«, sind also keine Wundermittel, aber sie helfen, schwer Ausdrückbares zum Ausdruck zu bringen und damit Unerledigtes zu einem Abschluss zu bringen oder auch einen Neuanfang deutlich zu markieren. *Paartherapie, 53*

Der Verletzte muss bereit sein, Verzeihung zu gewähren.

Verzeihen können

Der Verletzte muss bereit sein, Verzeihung zu gewähren, und das heißt, die Verletzung nun seinerseits auch loszulassen: »Ich habe gehört, was du gesagt hast, und ich nehme es an. Ich verzeihe dir, und für mich ist damit die Sache in Ordnung gebracht!« Das heißt mit anderen Worten: Wenn der Verletzte die Verletzung verzeiht, verzichtet er auch auf etwas, nämlich auf eine durch die Verletzung entstandene Machtposition.

Dauer, 79

Einander entgegenkommen

Streit in der Beziehung bedeutet immer: Wir haben verschiedene Standpunkte und bemühen uns, diese so weit einander anzunähern, dass ein weiterer gemeinsamer Weg möglich wird. In diesem Sinn ist Streit eine unbedingte Notwendigkeit in jeder Beziehung, denn immer wieder wird es in wichtigen oder auch weniger wichtigen Fragen verschiedene Standpunkte geben.

Liebe, 81

Den Tag nicht unversöhnt beschließen!

Den Tag nicht mit den Scherben von gestern beginnen

Verzeihen und Versöhnen fallen leichter, wenn sie möglichst rasch nach dem Vorfall vollzogen und nicht zu lange hinausgeschoben werden. Eine gute Regel dafür könnte die eines schon sehr betagten Paares sein, das sich zum Grundsatz gemacht hatte: Den Tag nicht unversöhnt beschließen! *Liebe, 172*

Annehmen statt abschieben

Das Problem des einen ist auch das Problem des anderen. Partner neigen dazu, das Problem beim jeweils anderen zu sehen und ihn als dessen Verursacher zu beschreiben – und dies häufig wechselseitig. Beide kreieren das Problem, auch wenn dieses bei einem der beiden sehr viel deutlicher zutage tritt als beim anderen. *Paartherapie, 22, 24*

Die Konditionierung überwinden

Der Mann fühlt sich angesichts eines genannten Problems in erster Linie aufgerufen, sich um eine Lösung zu bemühen. Dann – so hat er den Eindruck – tut er das für die Beziehung, was von ihm erwartet wird. Für seine Frau dagegen ist das Wichtige nicht die Problemlösung. Sie möchte, dass er nur da ist, zuhört und gefühlsmäßig mitschwingt. Was im Einzelnen zu tun ist, wissen Frauen oft selber besser, oder es kristallisiert sich heraus, während sie sich das Problem von der Seele reden. Das auszuhalten ist für Männer oft ganz schwer, und es ist schwer, einzusehen, dass sie zuweilen dann am hilfreichsten sind, wenn sie nichts tun, sondern nur zuhören und »da« sind. Der Ehemann müsste also lernen, dass es keinen Sinn hat, über Lösungen nachzudenken, bevor nicht ein Gleichklang zwischen ihm und seiner Frau fühlbar hergestellt ist.

Partnerschaft, 34ff

Einverständnis anstreben

Seid bereit zu Kompromissen zwischen dem, was ihr als Ideal anstrebt, und dem, was wegen der beruflichen und gesellschaftlichen Situation sowie eigener, bisher nicht überwundener Einstellungen vorerst noch nicht zu erreichen ist. Also: wechselseitige Unterstützung und Anerkennung für berufliches und familiäres Engagement anstatt Kritik! *Liebe, 158*

Übereinstimmung ermöglichen

Liebe verträgt sich nicht mit Sieg und Niederlage. Streit, der damit endet, zerstört sie, und zwar nicht nur dann, wenn immer einer gewinnt und der andere verliert, sondern auch dann, wenn Sieg und Niederlage annähernd gleichmäßig auf beide verteilt sind. Die Ausgeglichenheit, die dadurch entsteht, ist zwar von Vorteil, aber Niederlagen schlagen Wunden, und diese lassen die Liebe allmählich ersterben, auch wenn es auf der Ebene der bloßen »Gerechtigkeit« durch den darauf folgenden »Sieg« wieder einen Ausgleich gibt. *Liebe, 81*

Die Balance bewahren

Jedes Paar hat in seinem Zusammenleben mit diesen Polaritäten zu tun: Autonomie – Bindung, Durchsetzung – Anpassung, Geben – Nehmen. Jeder der Partner braucht Raum für sich als Individuum, und andererseits brauchen beide Partner das Gefühl, in der Beziehung sicher gebunden zu sein: Polarität von Autonomie und Bindung. Jeder der Partner braucht in einer Beziehung die Erfahrung, beim anderen etwas bewirken, ihn beeinflussen zu können, und das ist nur möglich, wenn jeder sich auch vom anderen manchmal bestimmen, beeinflussen lässt, sich ihm also anschließt: Polarität von Bestimmen – Sich-Anschließen. Und schließlich ist jeder der beiden auf die Zuwendung des anderen angewiesen, will vom anderen nehmen, das geht aber nur, wenn jeder bereit ist, sich auch für den anderen zu engagieren, ihm also auch zu geben: Polarität von

Geben und Nehmen. Wenn es den Partnern in dieser Weise gelingt, in ihrer Beziehung immer wieder einen Ausgleich herzustellen, sodass jeweils beide beides leben können – Autonomie und Bindung, Bestimmen und Sich-Anschließen, Geben und Nehmen –, dann fühlen sie sich wohl und sind zufrieden. *Paartherapie, 44f*

Liebe verträgt sich nicht mit Sieg und Niederlage.

Defizite vermeiden

Paare sollten darauf achten, Schieflagen zwischen Geben und Nehmen rechtzeitig zu bemerken. Sicher ist anzuerkennen, dass Männer ja auch etwas geben, wenn sie für die Familie arbeiten und den Hauptteil des Geldes verdienen. Das Problem ist nur: Dieses »Geben« ist in der Beziehung nicht spürbar. Es geht nicht von Du zu Du, und dies braucht es mindestens auch, damit kein Defizit in der Bilanz entsteht. *Partnerschaft, 46*

Einander Achtung erweisen

Die Bedeutung einer ausgewogenen Machtbalance für die Liebe ergibt sich auch noch aus einem anderen Grund: Wenn sich der andere von mir nie bestimmen lässt, muss ich mich fragen, was ich ihm eigentlich wert bin. Wenn ich aber die Erfahrung mache, der andere lässt sich in diesem oder jenem Punkt von mir etwas sagen, er richtet sich nach meiner Meinung, er nimmt meine Impulse auf, heißt das ja: Ich habe Einfluss auf ihn. Also bin ich ihm wichtig. Dem anderen wichtig zu sein gehört zur Liebe unmittelbar dazu, denn wenn dieses Gefühl, vom anderen geschätzt und geachtet zu werden, fehlt, kann es mit seiner Liebe zu mir nicht weit her sein. *Dauer, 121*

Dem anderen wichtig zu sein gehört zur Liebe unmittelbar dazu.

Herausforderungen annehmen

Die Seiten am Partner, die mich besonders aufregen, stellen mich selbst vor meine eigenen wichtigsten Entwicklungsaufgaben. Der Partner macht mich mit seinen Splittern auf den eigenen Balken aufmerksam. Daran zu gehen, diesen eigenen Balken herauszuziehen, ist zwar unangenehm und schmerzhaft, aber wenn wir die Fehler des anderen dazu benützen würden, uns mit uns selber auseinanderzusetzen, anstatt den anderen zu bekämpfen, dann hätten wir etwas wirklich Wichtiges für die Liebe getan. Statt wie Blinde uns gegenseitig in die nächste Grube zu lotsen, würden wir einander Gefährten, die sich gerade dort, wo sie sich aneinander reiben, auf dem gemeinsamen Weg voranbringen.

Partnerschaft, 59

Ein Lernangebot

Wenn wir bemerken, dass die faszinierenden Eigenschaften des anderen doch nicht zu unseren eigenen geworden, sondern uns auch fremd geblieben sind, könnten wir das ja auch als konstruktive Herausforderung nehmen: meine eigenen unterentwickelten, meine »Schatten-Seiten«, die mir jetzt durch den Partner unangenehm vor Augen geführt werden, statt sie zu bekämpfen, jetzt als Herausforderung zur eigenen Weiterentwicklung zu nehmen. So könnte der eine etwas von dem, was ihn am Anfang am anderen so fasziniert hat, etwas mehr bei sich selber entwickeln, er bräuchte sich dann nicht mehr über dieses Anderssein des anderen zu ärgern, sondern würde es konstruktiv für sich selbst nutzen. Dabei müsste er keine Sorge haben, dass die Beziehung durch zu viel Gleichheit langweilig würde. Dadurch, dass sich die Partner auf diesem Weg etwas mehr angleichen, bleibt dennoch genug Unterschiedlichkeit. Das Einzige, was passieren würde: Die Gegensätzlichkeiten würden gemildert, dadurch die Polarisierung abgebaut und wieder in anregende Polarität verwandelt. *Achtsamkeit, 44*

Umgang mit Aggressionen

Regeln für den Umgang mit Aggressionen in der Paarbeziehung: Achte darauf, dass sich die Positionen des »Angreifers« (Durchsetzungs-Aggression) und des »Verteidigers« (Abgrenzungs-Aggression) nicht ausschließlich auf den einen und den anderen Partner verteilen. Durchsetzung und Abgrenzung sollen zu etwa gleichen Teilen auf die Partner verteilt sein. Wenn du zu deinem Partner aggressiv bist: Werte ihn niemals ab! Bleib vielmehr bei dir und deinen Bedürfnissen. Abwertungen deinerseits führen fast unausweichlich nicht zu dem, was du erreichen möchtest, sondern zu ebenfalls abwertender Gegen-Aggression. Sei in deiner Aggression direkt und klar! Verpacke die Aggression nicht in Ironie, Zynismus oder falsche Freundlichkeit. Das vergiftet nur die Atmosphäre, täuscht den anderen und begünstigt destruktive Eskalationen. Kraftvoll und klar deine Bedürfnisse in Beziehungen zu vertreten und deine Grenzen zu ziehen ist notwendig und konstruktiv für die Liebe! *Partnerschaft, 78*

Durchsetzung und Abgrenzung sollen zu gleichen Teilen auf die Partner verteilt sein.

Ich habe die Wahl

Zwischen dem Stimulus, der auf mich einwirkt, und meiner äußeren Reaktion in Worten oder Handlungen, die normalerweise wie automatisch erfolgt, wird durch solche Achtsamkeit eine Lücke geschaltet. In diesem kurzen Moment innehalten und wahrnehmen, welche Empfindungen, Gefühle, Gedanken, Fantasien und Handlungsimpulse gerade in mir hochsteigen. Ich habe mehrere Möglichkeiten! Ich habe eine Wahl. So will ich jetzt reagieren – und so nicht. Wir lösen damit unser Verhalten aus Gewohnheit und Automatismus und machen es steuerbar. Dann könnte auch der »gute Wille«, den doch die meisten Paare haben, der Wille, eine gute Beziehung miteinander zu leben, wirksam werden: »Zwischen Reiz und Reaktion liegt die Freiheit.«

Achtsamkeit, 26ff

Achtsam und gelassen

Natürlich kann Hingabe auch in weniger strukturierter Form und in vielen Variationen ausgeführt werden. Es kommt nur darauf an, bewusst zu üben und, statt um meiner Selbstverwirklichung willen gegen die Bewegung des anderen zu gehen, mich in diese Bewegung hinein-zugeben. Dies kann auch dadurch geschehen, dass sich die Partner bewusst vornehmen, Zustimmung zum anderen deutlich zum Ausdruck zu bringen. Die Übung kann auch darin bestehen, dass einer von beiden be-wusst in eine »untere Position« geht. Damit ist gemeint, dass er übt, den anderen mal um einen Rat zu fragen und so weiter. Dadurch lasse ich den anderen in eine führende Rolle, in eine Geberposition und wähle für mich die Position dessen, der sich anschließt und entgegennimmt. Das ist auch die Methode der »einseitigen Abrüstung« in Paarbeziehungen. Damit ist der Kampf durchbrochen, der andere bekommt von mir Anerkennung, nach der er so sehr verlangt, und ein positiver Kreislauf kann in Gang kommen. *Paar, 66*

Faires Verhalten

Durch Verletzungen entsteht ein Oben-Unter-Gefälle zwischen den Partnern, das wieder ausbalanciert werden muss, damit diese sich erneut auf gleicher Höhe gegenüberstehen. Oder ganz einfach ausgedrückt: Es muss in einer Beziehung aufs Ganze gesehen fair zugehen, damit die Liebe erhalten bleibt und sich erneuern kann. Wenn einer auf Dauer schlechter wegkommt als der andere, kann die größte Liebe daran kaputtgehen. *Dauer, 109*

Es muss in einer Beziehung fair zugehen, damit die Liebe erhalten bleibt.

Am runden Tisch

Lasst euch von Phasen, in denen Paare sich mit ihrer Unterschiedlichkeit besonders schwertun, nicht hypnotisieren! Nehmt euch bei aller Unterschiedlichkeit Freiräume und Auszeiten, in denen ihr das pflegt, was trotz allem harmoniert, anstatt das auch noch aufzugeben und nur noch miteinander zu kämpfen. Damit bringt ihr die Ressourcen eurer Beziehung wieder in den Vordergrund und stärkt sie, und dann wird es auch wieder leichter, mit den schwierigen Eigenschaften des Partners umzugehen. *Liebe, 191*

Ergänzung

Wenn wir unsere gegensätzlichen Eigenschaften wieder schätzen lernen, dann wird es auch wieder leichter, unsere Unterschiedlichkeit konstruktiv für unsere Zusammenarbeit zu nutzen: Du kannst das eine, ich kann das andere. Darum mache ich das, und überlasse dir das! Und miteinander sind wir ein starkes Team! Auch durch eine solche Haltung würden die »Polarisierer« wichtige Schritte aufeinander zu tun, und damit die fatale Dynamik, die sich aus der Polarisierung entwickelt, außer Kraft setzen oder zumindest nicht mehr so oft in Gang kommen lassen. *Achtsamkeit, 45*

Positive Wechselwirkung

In der Paarbeziehung braucht man beides, sowohl Anpassung als auch Selbstbehauptung, und es funktioniert dann am besten, wenn beide zu beidem bereit sind,

sodass insgesamt in der Beziehung ein Ausgleich statt-
findet: Jeder der beiden Partner passt sich dem anderen
einmal an und ein anderes Mal setzt er sich durch.
Dieser gegenseitige Ausgleich schafft eine positive
Wechselwirkung, eine Nahrung für die Liebe der beiden füreinander. *Liebe, 33*

> *In der Paarbeziehung braucht*
> *man beides, sowohl Anpassung*
> *als auch Selbstbehauptung.*

Beachtung finden

Wir tun damit einen Schritt in die Welt des anderen
hinein, indem wir die Welt des Partners in unsere
Wahrnehmung und in unsere Reaktionen mit einbe-
ziehen. Das tut jeder Beziehung sehr gut. Denn der
jeweils andere merkt dann: Der Partner/die Partnerin
sieht wirklich mich, beachtet mich, sieht, dass es mir
zum Beispiel gerade nicht gut geht, kann mal meinet-
wegen von eigenen Angelegenheiten absehen, fragt
nach mir und öffnet sich für mich. Dies kann gerade
in und durch heikle Situationen unsere wechselseitige
Liebe sehr stärken, denn eines der tiefsten Bedürfnisse,
das wir seit unseren ersten Lebenstagen haben, ist das
Bedürfnis, vom anderen »gesehen« zu werden. Das ist
die Grundlage jeder wirklichen Beziehung und der Ent-
stehung von echter Intimität. *Achtsamkeit, 54*

Ins Gleichgewicht bringen

Immer wieder Gegenseitigkeit und Ausgleich herstellen!
Denn Gleichwertigkeit ist im konkreten Leben nicht
eine feststehende Tatsache, sondern ein immerwährender Prozess. Das heißt: Mann und Frau geraten immer
wieder in Schieflagen. Damit wird der Grundsatz der
Ebenbürtigkeit verletzt, das lässt sich im täglichen Leben
gar nicht ganz vermeiden. Also müssen solche Schieflagen immer wieder ausbalanciert werden. Gleichwertigkeit, Ebenbürtigkeit sind nicht einfach gegeben, sie
werden nur im Prozess real, das heißt: Sie müssen immer wieder hergestellt werden. *Dauer, 110*

Das Positive nicht vergessen

In Zeiten außerhalb aktueller Auseinandersetzungen ist
es hilfreich, darauf zu achten, immer wieder auch die
positiven Seiten in der Beziehung zu betonen: dass wir
uns gegenseitig immer wieder ausdrücklich anerken-
nen, einander loben und auf das, was uns an der Person
oder dem Handeln der oder des anderen gefällt, immer
wieder positive Resonanz geben. Dieser positive Austausch »nährt« die Beziehung und lässt sozusagen ein
»Polster« entstehen, das auch negativen Austausch immer
wieder abfedert und das Entstehen der Negativ-Spirale
verhindert. *Liebe, 85*

Ausdrücklich anerkennen

Das Positive, die Anerkennung, das Lob, die Zeichen der Zuneigung müssen – faire oder unfaire – Kritik ein gutes Stück überwiegen, damit sie ihr Ziel, nämlich Veränderung, erreichen. Ist das nicht der Fall, kann diese Kritik noch so sehr von der Absicht nach angemessener Veränderung getragen sein – sie wird das Gegenteil bewirken. Wir Menschen sind da alle sehr empfindlich. Darum braucht es dieses Bemühen darum, dass die positiven Impulse die negativen immer wieder überwiegen, damit sich die Negativitäts-Spiralen nicht entwickeln und die Basis der Beziehung zerstören. *Dauer, 65*

Achtsam das Wertvolle entdecken

Gerade in der Dauerbeziehung ist die Übung der Achtsamkeit ein zentrales Gegenmittel gegen Gewöhnung, gegen Alltagstrott und schleichende Entfremdung der Partner voneinander. Und: Gerade im gemeinsamen Leben gibt es tausend kleine Möglichkeiten, diese Haltung immer wieder bewusst einzunehmen und zu üben. *Achtsamkeit, 138*

Gerade in der Dauerbeziehung ist die Übung der Achtsamkeit ein zentrales Gegenmittel gegen Gewöhnung.

Eine Frage der Wahrnehmung

Der Alltag sorgt für einen fortschreitenden Prozess der Gewöhnung. Der Partner gerät als Gegenüber aus dem Blick. Man gewöhnt sich an ihn wie an ein Möbelstück in der Wohnung. Er wird so selbstverständlich, dass man ihn nur noch wie ein zum Alltag gehörendes Möbelstück wahrnimmt, aber nicht mehr als eigenständige Person. Der Partner wird immer mehr zum »intimate stranger«, zum »vertrauten Fremden«. Eine lebendige Beziehung bleibt dabei auf der Strecke. Dieser – meist schleichende – Verlust der Mann-Frau-Intimität widerspricht aber diametral dem heutigen Anspruch der Partner. Denn das wollen und suchen sie beide in der individualisierten Welt von heute, in der es an persönlichen Bezügen immer mehr Mangel gibt: jemanden zu haben, mit dem sie wirklich intim, dem sie nahe sind und sein können. *Dauer, 95f*

Vertiefen statt verlieren

Eine Beziehung wird von selber schlechter. Intimität bleibt nicht »von selber« erhalten. Von selber geht sie verloren. Wir müssen etwas tun dafür, dass sie erhalten bleibt, vielleicht sich sogar vertieft. *Dauer, 92*

Das Paarleben stärken

Frau und Mann sind in der Familie nicht nur Einzelpersonen, sie sind ein Paar, und zwar ein Eltern-Paar und ein Liebes-Paar. Ein Eltern-Paar, das heißt: Sie wirken zusammen im Blick auf die Kinder, nicht isoliert voneinander, und vor allem nicht gegeneinander. Ein Liebespaar, das heißt: Es gibt in der Familie ein Eigenleben des Paares, Frau und Mann gehen nicht nur in der Elternrolle auf. Ein Eigenleben wird das Paar freilich nur dann auf Dauer führen, wenn Erotik und Sexualität zwischen ihnen lebendig sind. Dass aber das Paar ein Eigenleben führen kann, das erfordert den Willen und die Fähigkeit, sich von den Kindern abzugrenzen. Kindern schafft es existenzielle Sicherheit, wenn zwischen den Eltern einerseits ein starkes emotionales Band besteht und wenn sie andererseits von ihnen klare Grenzen spüren. Dagegen werden sie unsicher und unruhig, wenn »immer alles möglich ist«. *Partnerschaft, 27f*

> *Ein Liebespaar, das heißt:*
> *Es gibt in der Familie ein*
> *Eigenleben des Paares.*

Liebe braucht Pflege

Die Elternschaft im wörtlichen oder übertragenen Sinn birgt allerdings auch die Gefahr, dass die Liebe des Paares in den Hintergrund tritt. Die Dauer der Beziehung, der Alltag, die Sorge für Beruf und Kinder können dazu beitragen, dass Paare anfangen, das Geben und Nehmen auf der Ebene als Frau und Mann zu vergessen. Die Ursprungsliebe, aus der alles andere entstand, droht dann im täglichen Trott zu versinken. Deshalb ist es so wichtig, dass das Paar sich bewusst immer wieder der Pflege dieser Dimension seines Zusammenseins widmet, dass es sich Zeiten und Räume reserviert, wo beide sich wieder als Mann und Frau begegnen, miteinander reden, miteinander Schönes und Inspirierendes erleben und auch ihre sexuelle Beziehung wiederbeleben und achtsam pflegen. *Liebe, 197*

Intimität schützen und sichern

Auch Sexualität findet nicht »von selber« statt. Auch für die sexuelle Beziehung gilt: Man muss sie pflegen. Die Leidenschaft des Anfangs schafft sich selber Räume und Zeiten. Wenn sie sich im Laufe der Jahre nicht mehr in solcher Dringlichkeit meldet, heißt das noch lange nicht, dass es mit lebendiger und lustvoller Sexualität jetzt eben vorbei ist. Freilich muss man dafür sorgen, dass sie Raum bekommt. Die Gefahr besteht sonst auch hier, dass alles andere, was erledigt werden muss, immer wieder wichtiger ist und somit einen höheren Stellenwert bekommt. An die Stelle des Neuheitsreizes muss die liebevolle Pflege treten, und ein wesentlicher Teil davon ist, sich gesicherte (und das heißt oft ausdrücklich eingeplante), geschützte und ausreichende Zeit dafür zu nehmen. *Dauer, 102*

Die Glut entfachen

Wenn Sexualität mit dem Partner langweilig zu werden droht, dann kommt es darauf an, dass beide dieses Gefühl nicht einfach hinnehmen wie ein Schicksal und resignieren oder sich suchend nach außen wenden, sondern dass beide sich entschließen, wieder neu, bewusst und miteinander darauf zuzugehen. *Liebe, 68*

Liebesschutzgebiete

Die Partnerliebe braucht, um zu bleiben und zu gedeihen, geschützte Räume und Zeiten. Man braucht für sie »Inseln im Alltag«, um sich dessen Sog und Strömung immer wieder zu entziehen. Solche Räume und Zeiten dafür müssen eingeplant und verpflichtend festgelegt werden. *Liebe, 73*

Hohe Priorität

Wir gehen bewusst aufeinander zu, um auch den sexuellen Kontakt miteinander zu pflegen und zu gestalten. Und dazu helfen wieder: Rituale! Sie könnten in diesem Bereich zum Beispiel darin bestehen, dass wir uns auch für die gemeinsame Sexualität regelmäßig wiederkehrende Zeiten und Räume reservieren, in denen möglichst jede Störung ausgeschaltet wird, sodass wir nicht unter Druck stehen. *Achtsamkeit, 136*

einfach leben

Ein Brief von Anselm Grün

„ *Dem Leben Raum und der Seele Nahrung geben* ❞

einfach leben bietet Ihnen:

- Abstand vom Alltag
- Konzentration auf die wirklich wichtigen Lebensthemen
- Begleitung in existentiellen Fragen
- vertiefte Zeiterfahrung
- meditative Impulse
- Entdeckung einer großen Tradition
- Begegnung mit einem erfahrenen Meister der Spiritualität
- Texte, inspirierende Bilder und praktische Tipps, die dem Leben Raum und der Seele Nahrung geben

*Die Partnerliebe braucht,
um zu bleiben und zu gedeihen,
geschützte Räume und Zeiten.*

Variationen

Das sexuelle Erleben wandelt sich im Laufe der Jahre; auch das, was uns Lust macht, ändert sich. Solche Veränderungen in unseren Wünschen äußern sich oft in spontanen Fantasien, die uns »anfliegen«. Wir sollten sie nicht geheim halten, sondern manchmal auch dem Partner mitteilen. Das kann die gemeinsame Sexualität sehr beleben, auch und gerade weil damit entstandene Tabugrenzen berührt und überschritten werden. *Liebe, 67*

Mit allen Sinnen

Partner müssen sich als körperliche Wesen oft überhaupt erst entdecken, auch wenn sie schon jahrelang zusammen leben. Wenn sie lernen, sich ohne zwingende Zielrichtung auf Sex hin zu betasten, zu fühlen, zu riechen, in die Augen zu schauen, den Atem des anderen zu spüren usw., wird die vollzogene Sexualität oft nicht nur schöner und intensiver, interessanterweise wird sie für beide, Frauen und Männer, was die Häufigkeit angeht, manchmal sogar weniger wichtig, weil beide dann über ein breiteres Spektrum körperlicher Lust und Befriedigung verfügen. *Partnerschaft, 154f*

Unsere Lust füreinander

Wir Menschen haben zwei grundlegende Bedürfnisse,
die in einem gewissen Gegensatz zueinander stehen:
das Bedürfnis nach Sicherheit einerseits und das Bedürfnis nach Erregung andererseits. Sicherheit suchen
und finden wir durch Bindung an etwas Vertrautes,
Erregung suchen und finden wir im Kontakt zum
Fremden. Dies gilt freilich nur in gewissen Grenzen.

Partnerschaft, 126

Nur für uns

Treue verleiht einer Beziehung einen ganz besonderen
Charakter. Es bedeutet ein hohes Maß an Intimität,
wenn ich nur mit meinem Partner etwas so Persönliches
wie die sexuelle Intimität teile und mit niemandem
sonst. Damit wird ein Raum geschaffen, der nur für
uns zwei ist, den niemand anderer betritt und betreten
hat. Das hebt meine Partnerbeziehung als etwas Besonderes heraus vor allen anderen Beziehungen und verleiht ihr damit einen besonderen Wert, eine besondere
Kostbarkeit. In der Beschränkung zeigt sich der Meister. Dieses Sprichwort ist auch auf die Liebe anzuwen-
den. Liebe kann reifen und zur echten Hingabe werden, wenn es mir gelingt, meine Liebeskraft auf einen
Menschen zu konzentrieren. Das verleiht der Liebe
eine Tiefe, die in Beziehungen, in denen ich mich innerlich nicht festgelegt habe, nicht erreicht wird. Die
Tiefe der Liebe korrespondiert aber mit der Erfahrung
des subjektiven Glücks – nicht in jedem Moment des

Lebens, denn da bedeutet Treue ja auch Verzicht –
aber sicherlich als tragende Grundstimmung.

Partnerschaft, 143

Treue verleiht einer Beziehung
einen ganz besonderen Charakter.

Geschützter Raum

Die Paarbeziehung braucht zwar zu ihrem Überleben
das größere Beziehungsnetz. Aber genauso nötig hat sie
einen Innenraum der Intimität, den es so zu niemandem
anderen als zum eigenen Partner gibt. Wenn dieser
Binnenraum gepflegt und geschützt wird, dann kommt
unserer Paarbeziehung jede andere herzliche und per-
sönliche, geistig-körperlich betonte Freundschaftsbezie-
hung zugute, regt sie an und befruchtet sie zu neuer
Lebendigkeit. *Paar, 83f*

Vertrauensbruch

Was ist eigentlich Eifersucht? Eifersüchtig reagiere ich,
wenn ein anderer mir so wichtig ist, dass ich mir Nähe
und Intimität zwischen uns wünsche, aber erlebe, dass
dieser andere diese Nähe und Intimität einem Dritten
gibt. Liebe zwischen Mann und Frau meint: Ich nehme
dich ganz und ich gebe mich dir ganz. Dadurch entsteht ein besonderer Raum von Intimität, der »nur uns«
gehört. Wenn ich erlebe, dass mein Partner dieses Neh-

men und Geben mit jemandem Dritten teilt, erlebe ich diesen »unseren« Raum zerstört. Darauf reagiere ich mit Schmerz, Trauer und Wut, eben – mit Eifersucht.

Partnerschaft, 135

*Ich nehme dich ganz,
und ich gebe mich dir ganz.*

Damit unsere Liebe sich mitteilen kann

Verbindlichkeit und Wechselseitigkeit erreichen wir allerdings nur, wenn wir ganz bewusst und ausdrücklich dem Anliegen der Intimität in der Paarbeziehung in unserem Leben eine hohe Priorität eingeräumt haben. Diesen Akzent bewusst und ausdrücklich miteinander zu setzen könnte sehr dabei helfen, dass dieses Anliegen in der Beziehung lebendig bleibt. Darum kann es wichtig werden, sich gemeinsame Erlebnisse zu verschaffen, die den persönlichen Kontakt inspirieren und anregen. *Dauer, 98*

Impulsgeber

Was die beiden dringend brauchen: Sie sollten mehr »Eigenes« pflegen, mehr »Unterschiedlichkeit« in die Beziehung hineinbringen: eigene Hobbys, eigene freundschaftliche Beziehungen, eigene Unternehmungen ohne den anderen; sie sollten eigene Standpunkte beziehen und in die Auseinandersetzung mit dem Partner einbringen, eigene Bedürfnisse erfüllen und nicht immer nur auf die des Partners achten und dergleichen mehr. Dies ist häufig notwendig: die Pflege der individuellen Autonomie, denn dadurch ergeben sich Unterschiede, und die Unterschiede inspirieren auch wieder die Erotik und erhöhen die gegenseitige Attraktivität. *Liebe 56f*

Freiheit durch Bindung

Gerade in den letzten Jahren wurde uns durch Säuglingsbeobachtung und durch die Bindungsforschung deutlich, dass wir das Bedürfnis nach autonomer Selbstentfaltung paradoxerweise nur dann einlösen können, wenn wir uns zunächst und grundlegend als sicher gebunden erfahren haben. Autonomie kann überhaupt nur aus sicherer Bindung erwachsen. Sie verkommt nur dann nicht zur Vereinsamung und Beziehungslosigkeit und damit zu einer Karikatur ihrer selbst, wenn sie in Beziehung, also »eingebunden«, gelebt wird. *Liebe, 134*

Frei und geborgen

Es ist nicht leicht, einen Ausgleich zwischen Autonomie und Bindung zu finden. Dies aber ist eine zentrale Aufgabe in jeder heutigen Partnerschaft. Jeder von beiden ist eine eigenständige Person, die ihren Freiraum braucht, aber jeder möchte auch Bindung zum anderen, weil er darin Sicherheit und Geborgenheit findet.

Partnerschaft, 21

Wir brauchen es, für jemanden »einzig«, am wichtigsten zu sein, um zu uns selber Ja sagen zu können.

Was wir brauchen

Menschliche Autonomie ist immer eine relative. Autonom sein heißt nicht autark sein. Wir sind zutiefst aufeinander angewiesen, um als Menschen leben und auch autonom sein zu können. Wir brauchen es, eingebunden zu sein, um uns als wichtig und liebenswert zu erleben. Und wir brauchen es, für jemanden »einzig«, am wichtigsten zu sein, um zu uns selber Ja sagen zu können. Das suchen wir in der Paarbeziehung, und dazu braucht es diesen ausdrücklichen Akt: »Du – mein Mann, ich – deine Frau«, »Du – meine Frau, ich – dein Mann«. *Dauer, 17*

Einander dienen

Zum Handwerk und »Material« der Liebe gehört der Dienst an einer gemeinsamen Sache, der Dienst aneinander und füreinander und väterlich-mütterliche Fürsorge füreinander (beides allerdings wechselseitig!). Denn wir sind als Paar auch ein Arbeitsteam, sind auch zum Dienst aneinander da und sind uns auch wechselseitig ein wenig Vater und Mutter. Wenn wir dabei unsere grundsätzliche Ebenbürtigkeit respektieren, werden diese anderen Beziehungsformen ebenfalls der

Partnerliebe dienen. Der gemeinsame Dienst und die Fürsorge füreinander bringen die Partnerliebe zwar nicht hervor, aber wenn sie fehlen, dann leidet die Partnerliebe Schaden und kann zugrunde gehen. *Paar, 28*

Das Leben lieben – jetzt

Zweifellos ist für die Erfahrung von Lebenssinn auch die Fähigkeit entscheidend, »das Hier und Jetzt« auszukosten und nicht über den gegenwärtigen Augenblick hinwegzuhasten, sondern in ihm zu verweilen. Diese beiden Dimensionen – Gegenwart und Zukunft – gehören eng zusammen. Wenn es mir gelingt, in der Gegenwart Sinn und Wert zu erfahren, vermittelt die Zukunft der Gegenwart eine zusätzliche Sinntiefe.
Dauer, 180

Die Quelle unserer Liebe pflegen

Es ist es von großem Nutzen, wenn wir uns daran erinnern, was unsere Ursprungsvision war, als wir uns ineinander verliebten. Genauso wichtig ist es allerdings, dass dies nicht eine einmalige Erinnerung bleibt. Wir müssen dafür sorgen, dass diese Anfangsvision in unserer Gegenwart immer wieder auftaucht und dass die Liebe auch in unserem Alltag immer wieder zum Erleben werden kann. Wir können sie nicht wieder herbeizwingen, aber wir können Platz in unserem Leben schaffen, dass sie sich hin und wieder einstellen kann.
Paar, 30

Annehmen was ist

Achtsamkeit heißt aber auch: sich nichts vormachen. Die Dinge so nehmen, wie sie gerade sind, sie nicht schöner, aber auch nicht schlechter machen wollen, als sie sind. Machen wir uns für einen Augenblick bewusst: Wie viele Konflikte entstehen in einer Beziehung durch Erwartungen, was sein »soll«, und durch Nicht-Akzeptanz dessen, was gerade ist! Die Dinge zunächst einmal so nehmen, wie sie sind, darin ist auch noch ein weiteres Element enthalten: dem, was ist, dem was sich ereignet, mit Offenheit begegnen. *Achtsamkeit, 12*

Die Dinge nehmen, wie sie sind.

In gelassener Fürsorge füreinander

Paare, die solche Zeiten kennen, um nichts anderes zu tun, als miteinander einfach »da« zu sein und gewohnheitsmäßig Räume dafür geschaffen haben, merken, dass sie sich damit an eine Quelle angeschlossen haben, die ihr ganzes Leben speist. Sie können dann mit großer Gelassenheit auch stressige Zeiten überstehen, in denen sie wenig voneinander haben. Sie haben nämlich dann die Sicherheit, dass die Liebe als Erlebnis sich einstellen wird, wenn sie ihre Insel wieder aufsuchen. Hier nehmen sie den Grundton wieder auf, der alle ihre anderen Aktivitäten in Familie und Beruf durchdringt und zu einem Ausdruck gegenseitiger Liebe macht. *Paar, 31f*

Die Liebe sollte auch im Alltag
immer wieder zum Erleben werden.

VI

Im Herbst der Liebe

Die Fülle des Lebens

Die Tatsache, dass die verschiedenen Lebensphasen je ihre eigenen Entfaltungsmöglichkeiten haben, die wir uns verbauen, wenn wir uns weigern, in sie einzutreten, wird freilich durch die in unserer Gesellschaft vorherrschende Jugend-Kultur verdeckt, die nur als positiv erscheinen lässt, was jung, sexy, vital und dynamisch ist. Wer aber viel mit alten Menschen geredet hat, die vielleicht schon auf zwei Generationen Nachkommenschaft zurückblicken können, der weiß, dass ein solches Leben, bei allem Leid, das da erfahren wurde, einen Reichtum enthält, mit dem derjenige sich nicht messen kann, der die Phase der Adoleszenz nie bewusst hinter sich gelassen hat. *Paar, 109*

Freiräume gestalten

In länger dauernden Beziehungen kann es sein, dass aufgrund der im Durchschnitt immer länger währenden kinderlosen Zeit von Paaren und aufgrund der bedeutend größeren Lebenserwartung die Zeit mit Kindern nur mehr etwa ein Drittel der gesamten Zeit des Zusammenlebens ausmacht. Die Familienphase ist, wenn überhaupt, nur eine Phase im Leben des Paares, und wenn sie zu Ende ist, gibt es in der Regel noch Jahrzehnte miteinander zu leben. Das heißt aber: Es ist gut, das im Auge zu haben und schon früh in der Beziehung anzufangen, verschiedene Formen dieses gemeinsamen »Dritten« – eben über gemeinsame Kinder hinaus – miteinander zu entwickeln. Das kann bedeuten: gemeinsame Interessen finden und miteinander pflegen. Es geht bei allen Beispielen für das »Dritte« nicht um passiven Konsum, sondern immer um Produktives oder Kreatives. *Dauer, 169ff*

Gemeinsame Interessen finden und miteinander pflegen.

Neue Sinnquellen erschließen

Immer mehr Paare leben viele Jahre und Jahrzehnte in einer Situation, in der dem Engagement, aus dem sie in früheren Phasen hauptsächlich ihre Sinnerfahrung schöpften, nämlich dem Engagement für die Familie und im Beruf, für eine immer kürze Lebensspanne Bedeutung zukommt. *Dauer, 178*

Freude zulassen

So mancher muss es auch wieder lernen, Lob und Anerkennung überhaupt anzunehmen. Ich kann das Positive, das vom Partner zu mir rüberkommt, dadurch regelrecht zunichte machen, dass ich es abwerte: »Ach, das ist doch nichts Besonderes«, oder: »So gut war das gar nicht« und dergleichen mehr. *Achtsamkeit, 79*

Die Wunder des Alltags mitteilen

Es ist ein wichtiger Teil der Lebens- und der Beziehungs-Kunst, die Ausrichtung der Aufmerksamkeit auf das Positive zu trainieren. Das braucht es, denn aus Erfahrung weiß man, dass sich das Negative »von selber« aufdrängt. Es braucht als Gegengewicht die bewusste Aufmerksamkeits-Steuerung. Das ist das Erste. Das Zweite ist: Das Positive, das so wieder stärker in den Vordergrund tritt, muss dem anderen auch mitgeteilt werden, es muss zum anderen »rüberkommen«. Wir können registrieren, was uns an konkreten Verhaltensweisen des anderen gefällt, und dies mitteilen. Es gibt tausend Gelegenheiten, dem anderen positive Resonanz zu geben oder sie ungenutzt verstreichen zu lassen. *Dauer, 59*

Die Ausrichtung der Aufmerksamkeit auf das Positive trainieren.

Eine lebendige Partnerschaft pflegen

Dem anderen Zugang zu den Ressourcen zu gewähren sowie den Zugang auch zu nutzen und sich nicht selber – zum Beispiel durch Desinteresse – auszuschließen, das heißt die Macht in einer Beziehung zu teilen und damit immer wieder Ebenbürtigkeit herzustellen. Ebenbürtigkeit ist keine feststehende Tatsache. Sie ist ein Ziel, das immer wieder angestrebt werden und ein

Prozess, der immer wieder in Gang gesetzt werden muss. *Partnerschaft, 49*

Gelassen und behutsam

Achtsamkeit ist also Training in reifer Autonomie oder – wie sie auch genannt wird – »bezogener Autonomie«. In der Übung der Achtsamkeit trainiere ich ja, immer wieder auf diesen kleinen Abstand zum Geschehen zu gehen, der mir die nicht-»automatische« Reaktion, nämlich die autonome Entscheidung für ein Verhalten, ermöglicht, das nicht destruktiv, sondern sogar förderlich für unsere Paarbeziehung ist. *Achtsamkeit, 145*

Erfüllung

Umfassende Vertrautheit, Intimität kann aber erst entstehen, wenn wir den anderen tiefer, umfassender kennenlernen, als es in der Verliebtheitsphase möglich ist. Das heißt, wenn es uns gelingt, für Intimität auch über die Jahre des Zusammenlebens zu sorgen, erhalten wir sie nicht nur, wir sorgen dafür, dass sie sich vertieft, dass sie umfassender wird und uns mit noch tieferem Glück erfüllt. *Dauer, 92*

In tiefer Verbundenheit

Sexualität spielt eine zweifache Rolle in unserem Leben: Die eine, die »Sexualität der Leidenschaft«, die am Anfang steht, treibt uns an, einander zu suchen, einander zu erobern und uns aneinander zu binden. Daraus entsteht dann das Gefühl von Zusammengehörigkeit, und die Sexualität beginnt dann eine andere Rolle zu spielen: Sie wird zur »Sexualität der Zugehörigkeit«, weil sie die Verbindung zueinander immer wieder belebt und stärkt und uns wie nichts sonst das Gefühl von Nähe und Intimität vermittelt. Und vor allem: Diese Sexualität der Zugehörigkeit braucht bewusste Pflege und Gestaltung, sie funktioniert nicht »von selbst«. Dann aber kann sie tief und befriedigend sein, die ganze Person der beiden Partner viel mehr erfüllen als die große Leidenschaft. *Liebe, 65*

Sexualität der Zugehörigkeit braucht bewusste Pflege und Gestaltung, sie funktioniert nicht »von selbst«.

Tiefer Genuss

Ich höre immer wieder von Frauen, mehr und mehr aber auch von Männern, dass sie gerade die vertraute Atmosphäre, die Geborgenheit und Nähe zum Partner gebraucht haben, um Sexualität tiefer, umfassender und ganzheitlicher zu erleben. Auch sagen sie, dass es nötig war, eine längere Entwicklungszeit zu haben, um ihre sexuellen Möglichkeiten ganz zu entdecken und auszuschöpfen. Dass Sexualität nur bei immerwährender Abwechslung lebendig zu bleiben vermöchte, ist meiner Erfahrung nach schlichter Unsinn. *Dauer, 102*

Vorboten der Veränderung

Paare, die die körperliche Verbundenheit ihrer Beziehung über längere Zeit schon erfahren haben und sich innerlich darauf beziehen können, werden auf Distanzphasen nicht mit Panik und nervösen Anstrengungen reagieren, sondern mit einer gewissen Gelassenheit und Zuversicht, weil sie wissen, dass solche Distanzphasen nötig sind, um zu neuen Ufern aufzubrechen. *Paar, 98*

Um die Liebe in einer Paarbeziehung lebendig zu halten, braucht es freie Zeiten.

Die Quelle unserer Liebe wiederentdecken

Die »Glut«, die noch glimmt, wird von den Ascheschichten der alltäglichen Querelen verdeckt und entzündet sich nicht mehr. Wir Menschen haben aber die gute Fähigkeit, Vergangenes durch Erinnerung wieder gegenwärtig zu machen. *Achtsamkeit, 81*

Muße ermöglichen

Um die Liebe in einer Paarbeziehung lebendig zu halten, braucht es solche freien Zeiten: Zeiten der Erinnerung, Zeiten des Vorausfantasierens, Zeiten der Stille, in denen man einfach beisammensitzt, Zeiten der Zärtlichkeit und der körperlichen Begegnung. Es muss Zeiten geben, die aus dem täglichen Arbeitsablauf ausgeklammert sind, Inseln im Strom des Alltags, Blumenbeete im Garten der Nutzpflanzen, Oasen in der Wüste. Die Liebe als Erleben ist nicht manipulierbar, haben wir gesagt. Aber man kann Bedingungen zulassen, die bewirken, dass das Liebeserlebnis des Anfangs einfach untergeht, oder man kann Bedingungen schaffen, die bewirken, dass es wieder erwacht, uns wieder einholt, stiller vielleicht, weniger stürmisch, aber deswegen keineswegs weniger tief. *Paar, 30f*

Sich zutiefst angenommen wissen

Noch eine weitere Dimension der sexuellen Erfahrung verweist uns auf Glaube und Religion: Wenn Frau und Mann sich sexuell vereinigen, bewegt sie das zuweilen deshalb so tief, weil sie sich darin in ihrem Innersten und Eigensten gemeint und angenommen fühlen, nämlich in ihrem Geschlecht. Der Mann fühlt sich durch die Leidenschaft der Frau zutiefst in seiner Männlichkeit wahrgenommen und bestätigt, und die Frau fühlt sich durch die Leidenschaft des Mannes zutiefst in ihrer Weiblichkeit wahrgenommen und bestätigt. Das ist oft das eigentlich Beglückende in der sexuellen Vereinigung. Erfahren wir darin nicht auch etwas zutiefst Religiöses? Ganz gleich, zu was ich es sonst gebracht habe, welche Titel und Reichtümer ich vorzuweisen habe, in meinem innersten Kern bin ich geliebt und angenommen! In nichts anderem als diesem besteht die Erfahrung der göttlichen Gnade – und diese wird dem Mann durch die erotische Liebe der Frau, und der Frau durch die erotische Liebe des Mannes ganz sinnenhaft konkret vermittelt. *Partnerschaft, 220*

In meinem innersten Kern
bin ich geliebt und angenommen!

Die Quelle unseres Ja-Wortes pflegen

Was zwischen den Partnern geschieht, muss noch eine lebendige Verbindung zur intuitiven Anfangsvision haben, sonst bewirkt es nichts. Was können Paare tun, um diese Verbindung wieder aufzunehmen oder immer wieder herzustellen? Zunächst: Es ist wichtig, dass Paare sich ihre spezifische Vision bewusst machen, die sie am Anfang ihrer Beziehung hatten. Das Verliebt-heitserlebnis eines jeden Paares hat seinen eigenen Gehalt. Es ist gut, sich immer wieder zu fragen: Was war die zündende Idee, als sich diese Frau und dieser Mann begegneten? »Mit ihm werde ich ...«, »Mit ihr sehe ich mich ...« *Paar, 29*

Vom gleichen Wollen getragen

Partner, die von einem gemeinsamen Anliegen zutiefst erfüllt sind, die im Herzen für eine gemeinsame Sache brennen, inspirieren sich einerseits dadurch auch erotisch, und andererseits füllen sie ihr Leben auch dann mit Faszination, wenn die Erotik nicht mehr so im Vordergrund steht. *Dauer, 173*

> *Krisen in Beziehungen fordern uns heraus, vom Alten Abschied zu nehmen und kreativ Neues zu entwerfen.*

Herausforderungen nutzen

Menschliche Beziehungsgefüge, also auch Paare und Familien, haben die Tendenz, sich auf ein stabiles Gleichgewicht einzuspielen, das manchmal in Gefahr steht, in immer gleichen Abläufen und Strukturen zu erstarren, sodass die Entwicklung und Entfaltung der betroffenen Personen dadurch beeinträchtigt wird. Kritische Lebensereignisse, sowohl solche, die vorhersehbar, wie solche, die unvorhersehbar eintreten, bringen dieses Gleichgewicht durcheinander – und brechen damit auch erstarrte Strukturen auf. Das bisherige Zusammenspiel des Paares gerät durcheinander. Das schafft Angst und Unsicherheit. Darin steckt aber auch die Chance, den alten Zustand loszulassen und ein neues Gleichgewicht zu suchen, das den Lebensbedürfnissen der

Menschen besser entspricht. Krisen in Beziehungen fordern uns somit heraus, vom Alten Abschied zu nehmen und kreativ Neues zu entwerfen und zu verwirklichen, wodurch wir in unserer persönlichen Entwicklung voranschreiten. *Partnerschaft, 17f*

Unverbrüchlich

Liebe schafft Bindung – und Bindung bedeutet auch Abhängigkeit. Besonders deutlich wird das, wenn beispielsweise mein Partner chronisch krank wird. Der Partner und seine Krankheit beginnen mein Leben sehr weitgehend zu bestimmen, ich fühle mich nicht mehr frei, zu gehen, wohin ich will. Die Liebe verlangt dann, dass ich auf vieles verzichte – und trotzdem ist es zutiefst »stimmig«! *Liebe, 135f*

Das ganze Leben

Die Situation wird nach der Krise nie mehr so sein können wie vorher. Entweder wird unsere Beziehung an der Krise zerbrechen oder sie muss eine neue Stufe ihrer Entwicklung erreicht haben, damit sie weitergeht. Es kann also nur »nach vorne« weitergehen, entweder in die eine oder in die andere Richtung. Das heißt: Immer steht ein Abschied an, der vollzogen werden muss, damit wir für etwas Neues frei werden. Für beides wird in der tiefsten Krise des Lebens die eigentliche Vollgestalt des Lebens erreicht. Darum kann auch eine in diesem Sinn religiöse Lebenseinstellung eine große Unterstützung für eine positive Krisenbewältigung sein. *Dauer, 165*

Anders betrachten

Darum ist die Übung, unsere Wahrnehmung immer wieder bewusst auf die positiven Seiten zu lenken, so etwas wie die Schaffung eines »Gegengewichts« gegen das Überhandnehmen negativer Sichtweisen. Diese Übung, die Aufmerksamkeit auf das Positive zu lenken, bedeutet also nicht, auszublenden, was es an Negativem und Problematischem in unserer Beziehung gibt. Es bedeutet vielmehr, »auch die anderen Seiten zu sehen« – und damit gerade die »ganze« Realität unserer Beziehung wohlwollend ins Auge zu fassen. Dann werden wir uns gerecht und werden dem Partner gerecht, nehmen also die ganze Realität in den Blick! *Achtsamkeit, 77f*

Unsere Qualitäten finden

Um Sinn zu erleben, muss man Wertvolles tun, sich mit Wertvollem befassen. Das ist zwar insgesamt regenerierender als Passivität und Konsum, weil es Lebensfreude und Energie »zurückbringt«, aber es braucht auch Kraft. Diese Kraft darf nicht mit nutzlosen und unnötigen Beschäftigungen verschleudert werden, sonst wird der Erfahrung von Sinnlosigkeit Tür und Tor geöffnet. *Dauer, 172*

Liebe heißt eine gemeinsame Geschichte haben.

Kostbarer mit den Jahren

Liebe heißt eine gemeinsame Geschichte haben. Wenn man nicht nachlässt, sich um Lebendigkeit zu bemühen, erhält das »Gemeinsam-alt-Werden« einen ganz besonderen Wert. Nichts gibt uns so sehr wie die gemeinsame Geschichte einer langfristigen Partnerschaft das Gefühl, einen Ort und eine Heimat in dieser Welt zu haben und nicht alleine zu sein. Allerdings bekommt man diese gemeinsame Geschichte nur, wenn man es »miteinander aushält«. Damit die Liebe zu ihrer vollen Frucht reifen kann, braucht sie eine lange Zeit. Vielleicht beachten das manche Paare heute zu wenig.

Partnerschaft, 22

VII

Zehn Goldene Regeln,
damit die Liebe bleibt

Liebe will geben.
Wenn ich liebe, gebe ich, weil ich liebe.

Liebe braucht Gegenseitigkeit.
Liebe kann nicht fordern; sie ist aber, um zu gedeihen, auf die Liebesreaktion des Geliebten angewiesen.

Liebe will Ergänzung.
Partner sollen sich viel voneinander erzählen, um Fremdheit zu erkennen und zu überwinden; um Vergangenheit annehmen zu können und um voneinander lernen zu können.

Liebe braucht Verbindlichkeit.
Die Liebe als Gefühl drängt auf die Liebe als beiderseitige Entscheidung hin: »Ich liebe dich und fühle mich von dir geliebt. Darum möchte ich mit dir leben.«

Liebe braucht Partnerschaftlichkeit.
Zwei Menschen sind jetzt nicht mehr nur ein Liebespaar, sondern ein Arbeitsteam zweier gleichberechtigter und gleichwertiger Partner zur Bewältigung ihrer gemeinsamen Lebensplanung. Es gibt nur gemeinsame Probleme.

Liebe will Versöhnung.

Es kommt zu Verletzungen. Dann sind Eingeständnis, Verzeihen, Versöhnung und Loslassen notwendig.

Liebe braucht Pflege.

Immer und grundsätzlich Zeiten und Räume für absolute Zweisamkeit und Intimität reservieren. Den Ausgleich suchen, die Balance wahren.

Liebe will Grenzen.

Damit die Ursprungsliebe erhalten bleibt, müssen Grenzen gegen jedermann außerhalb des Paares gewahrt bleiben.

Liebe will »ein Drittes«.

Liebe will wachsen und fruchtbar werden. Der Wunsch nach einem Kind muss beantwortet werden. Es kann auch ein gemeinsames Wollen, ein Bestreben sein; das ist auch besonders nach der Erziehungsphase und dem Berufsleben wichtig.

Liebe braucht Liebe.

Quellenverzeichnis

Hans Jellouschek
Achtsamkeit in der Partnerschaft. *Was dem Zusammenleben Tiefe gibt.*
© Kreuz Verlag in der Verlag Herder GmbH, Freiburg im Breisgau,
2011 *(= Achtsamkeit)*

Hans Jellouschek
Die Kunst als Paar zu leben
21. Auflage; © Kreuz Verlag in der Verlag Herder GmbH, Freiburg
im Breisgau, 2009 *(= Paar)*

Hans Jellouschek
Die Paartheraphie. *Eine praktische Orientierungshilfe.*
© Kreuz Verlag, Stuttgart, 2005 *(= Paartheraphie)*

Hans Jellouschek
Liebe auf Dauer. *Was Partnerschaft lebendig hält.*
© Kreuz Verlag in der Verlag Herder GmbH, Freiburg im Breisgau,
2009 *(= Dauer)*

Hans Jellouschek
Was die Liebe lebendig hält. *Antworten auf die wichtigsten Beziehungs-
fragen.*
© Kreuz Verlag in der Verlag Herder GmbH, Freiburg im Breisgau,
2012 *(= Liebe)*

Hans Jellouschek
Wie Partnerschaft gelingt – Spielregeln der Liebe. *Beziehungskrisen
und Entwicklungschancen.*
© Verlag Herder GmbH, Freiburg im Breisgau, 1998
(= Partnerschaft)

Im Verlag Herder sind erschienen:

ISBN 978-3-451-30632-7

ISBN 978-3-451-30631-0

ISBN 978-3-451-30634-1

ISBN 978-3-451-30633-4

ISBN 978-3-451-30724-9

ISBN 978-3-451-30725-6